JN194514

場面別

気になる子の
保育サポート
アイデアBOOK

佐々木康栄 著

中央法規

はじめに

　子どもは一人ひとり違い、多様です。だからこそ、保育現場でも、多様なニーズに対応していくことがますます重要になってきています。そうしたなかで、保育者として子どもたちにかかわる毎日は、子どもたちの成長を保護者と一緒になって味わえる、かけがえのない時間でしょう。

　でも、日々の保育のなかでは「どうしてあの子はトイレがうまくいかないのだろう」「どうしてこの子は遊びがやめられないのだろう」といった困惑も少なからずあるはずです。はじめは「どうしてだろう？」という小さな疑問が、次第に「どう対応したらいいんだろう……」という悩みに変わり、時に保育者としての知識や技術不足などを指摘され、楽しかったはずの保育が、いつの間にか自信を失い、その子を「気になる子」としてしか見れなくなってしまうことがあります。

　わかりやすいように、ここではあえて「気になる子」と表記していますが、これはその子が劣っているという意味ではありません。ましてや、「わがまま」や「やる気の問題」などでもありません。発達の仕方にユニークな違いがあり、その違いゆえに誤解を受けやすい子どもたちがいます。結果として、「気になる子」ととらえられることがあります。でも、どのような違いがある

のかを知ることで、子どもたちが困難を感じている点や努力している点を知り、子どもたちと保育者たちがお互いに日々の保育を安心して、そして自信と誇りをもって過ごしてほしい、そのためのヒントを提供したいと思って本書を書きました。

　そのなかでは、私自身のことも含めて「私たち」と表現している箇所があります。保育現場のことは保育者だけで考えればいいとは思っていませんし、私のような専門機関に勤めている専門家が偉いわけでもありません。多様な子どもたちに携わるという点では同じであり、そこに優劣はありませんし、それぞれの専門性があります。だからこそ、一緒になって考えていきたい。そうした思いから、この本を手にとってくださっているあなたと私とで「私たち」と表現しています。

　本書では、これまでの私の経験のなかで、実際に保育現場から寄せられた相談をもとに、保育現場の日常のなかで生じ得る疑問について、子どもの発達という視点からの解説と、現場で実践しやすいような具体的なアドバイスを心がけて書いていますし、実際の保育現場で行われている内容でもあります。一つの場面でも、考え得る複数の要因とそれぞれの対応についてまとめ、また知りたい場面をピンポイントで確認できるような構成にしているため、多様なニーズに応えられるような内容になっています。そして、保育現場で

の対応を想定した内容ではありますが、本書に書いているサポートのエッセンスは、保育現場だけではなく、日々の育児や療育現場、就学後の幅広い支援現場に応用できるものだと思います。

　ただし、本書に書いたアドバイスや対応方法は万能ではありません。あくまで具体例の一つに過ぎません。どうかそのことを念頭に置きながら、「あの子だったらどんな工夫ができるだろうか？」と皆さんが日々一緒に過ごしている子どもたちを思い浮かべながら、本書を活用していただければ嬉しく思います。

　保育現場では楽しいことばかりではないかもしれません。時にエネルギーが不足することもあるでしょう。でも、本書が、皆さんがより保育を、子どもたちの成長を楽しむための一助となることを心から願っています。子どもたちの「できた！」という喜びや安心を増やしていくために。ともに考えていきましょう。

2024年11月

佐々木康栄

目　次

はじめに

第1章
考え方のきほん

第 2 章
苦手場面別 なぜ？から考える 支援・対応のヒント

1 トイレ・手洗い

2 活動・遊び

3 友だち

4 食事

5 午睡

6 行事

第1章
考え方のきほん

1 こんな状況はありませんか？

「みんなが楽しく遊んでいるのに、あの子だけ隅っこで一人で遊んでいる……。どうしたら全員が一緒に楽しめるようになるんだろう？」

「ほかの子どもたちは片づけを始めているのに、あの子だけまだ遊んでいる。何度も声をかけているんだけれど……」

「行事に参加したがらなくて、行事の練習もつらそうです。どうにか参加してほしいのだけれど……」

「何度注意をしても、ふざけてしまう子がいます。周りの子どもも影響を受けるのか、クラスがだんだん落ち着かなくなってしまって……。自分の保育に自信がもてなくなってきた」

こうした声を現場の保育者から聞くことがあります。それらは、保育のプロである保育者が、自分たちが考え得る最善を尽くしていたとしても起き得ることなのだろうと思います。

そして、これまで培ってきた知識や経験を駆使しても、「どうしてだろう？」と思い悩み、ときには自責的になったり、ときには現場での業務量の多さも相まって、楽しかったはずの保育が苦しくなったりしてしまうことがあるかもしれません。

当たり前ですが、子どもたちはそれぞれに特徴があり、一人として同じ子どもはいません。だからこそ、さまざまな視点をもって子どもたちとかかわっていく必要があるのだと思います。そのなかの一つに、子どもの「発達」という視点があります。

「そんなの知ってるよ」と思う人もいるかもしれません。

でも、もしかすると、まだ私たちが発見できていない、子どもたちの声が

あるかもしれません。私たちは、経験が増えてくると、「こうに違いない」と自分の経験則だけで考えてしまったり、無意識のうちにほかの選択肢や可能性を探りにくくなってしまうことがあります。行き詰まってきて、余裕がなくなるとなおさらです。

　本書では、こうした保育者の日々の悩みや葛藤について、「発達のメガネ」という視点を通しながら、一緒に考えていきたいと思います。

② 保育現場からの声と「ユニークな」子どもたち

　保育現場における実態調査では、16.7％の子どもたちに発達上の偏りやユニークさがあるという報告があります[1]。30人のクラスだとすれば、約5人はそうした子どもがいるという割合です。もちろん、どの現場にもあてはまるわけではないと思いますが、発達の視点をもちながら保育にあたることの大切さを示しているのではないでしょうか。

　本書で子どもの発達の視点を網羅的に解説することは叶いませんが、「ものごとのとらえ方や感じ方、理解の仕方に違いがあるかもしれない」という視点はもっておいてもらえればと思います。

　たとえば、感覚面に偏りがあると、私たちにとって何でもないような音、

肌ざわり、味などが我慢できないくらいにつらかったり、魅力的な感覚刺激に没頭する（水や砂の触り心地に魅了されるなど）、あるいは痛みや暑さ、寒さに鈍感ということもあります。「これくらい言わなくてもわかるでしょ？」ということが実はよくわからずに苦労する一方で、具体的に教えてもらえれば戸惑わずに行動しやすくなります。一生懸命話を聞こうと思っているのに、話し言葉だけだとつい聞き漏らしをしてしまったり、興味が十分にもてないと別のことを考えてしまったりすることもあります。

　反面、イラストや実際に使うものを見せながら説明したり、子どもにとって興味のもてるテーマを活用すると、食い入るように興味を示してくれることがあります。自分にとって想定外のことがあったり、先の見通しがもてないと不安になってしまう子どもでも、先の予定が目で見て確認できたり、どこがどう変わったのかがわかると安心して過ごせることもあります。

　これらすべてがあてはまるわけではありませんし、ほかにもユニークなものごとのとらえ方をしている子どもたちがいます。具体的には、第2章以降で一緒に確認していければと思います。

3 大人が変われば子どもが変わる

　「おいしいと思ったから食べる」「つまらないと思ったから（そこに）参加しない」というように、私たちの行動の背景には理由があります。保育現場の子どもたちの言動にも、すべて理由があるのではないでしょうか。

　私たちは、自分の常識や概念と異なる行動を目にしたとき、その行動を変えようとしたくなることがあるかもしれません。しかし、そうしたときこそ、「そういえば、子どもたちの言動には理由があるんだ」と一度立ち止まって考えてみてほしいと思います。これは決して容易なことではないかもしれませんが、行動だけを変えようとするのは、私たちにとってみれば「つまらないから参加してない」のに、「あなたの興味・関心には関係なく、とにかく参加してください」と言われているようなものではないでしょうか。

　では、「子どもたちの気になる行動はすべて許容すればよいのか？」と問われれば、それは違います。もしかすると、子ども自身もどのように振る舞えばよいかがわからずに、困った結果としてとった行動が、私たちからすると「気になる行動」に見えるのかもしれません。つまり、気になる行動は、子どもの「わからない」の現れともいえるでしょう。だとすれば、その行動について、「どうしてだろう？」と理由を考え、それに応じた対応を考えてみることで、子どもたちにとって「わかった！」という安心感が増えることにつながります。

　たとえば、製作の時間にいすに座っているのが難しい子どもがいるとします。保育者は「座って」「まだ終わってないよ」と着席を促すのですが、それでも席を離れてしまうようです。よくよく状況を確認すると、同じ製作活動でも、座っているときとそうでないときがあるようです。何をつくるのかが

決まっているときには黙々と参加できているのですが、「好きな絵を描く」というような比較的自由な活動の際に席を立つことが多いのです。

　そこで、その子が好きなキャラクターの絵を描くように伝えてみたところ、いきいきと取り組むようになり、途中で席を立つということは減ったそうです。もちろん、子どもの頑張りもありますが、保育者が「どうやって座らせようか」とその子の行動を変えようとしたのではなく、「もしかすると、何をすればよいのかわからないのではないか？」という発見をしたことに大切なポイントがあります。そして、「座らせよう」ではなく、「わかるようにしよう」と子どもの安心を増やしたこと、その結果として、子どもが「これなら座ってできる」と思ってくれたのだと思います。

　あくまでこれは一例に過ぎませんし、誰もが同じ方法でうまくいくわけではありません。でも、こんなふうに大人が見方を変え、環境を整えてみることで、子どもたちが安心できる時間が増えれば、お互いにとって心地よい時間が増えるのではないでしょうか。

4 子どもにとってわかりやすい環境はみんなの発達を促進する

　ここまで皆さんと共有してきたような内容は、「それって発達に偏りのある子どもの場合じゃないの?」と思うかもしれません。なかには、「よくあることだし、気にしなくてもよいのでは?」と思う人もいるかもしれません。でも、それぞれの子どもたちが安心するような保育をしていくことは、その後の生活や発達にもプラスにはたらくことが示されています[2]~[6]。

　保育者のなかには、その子だけの特別対応は難しいと感じる人もいるかもしれません。そして、「園内の環境調整がいらない子もいるのでは?」と思うかもしれません。確かに、それはそうかもしれません。

　しかし、考えてみてほしいのです。子どもたちにとって安心して過ごせる時間が増えるような環境を整えることで、それがどのくらい子どもたちの支えになるのかはそれぞれに違いがあるでしょう。でも、環境を整えることにマイナスがあるかと問われれば、少なくとも子どもの発達に不利益が生じるようなことはないといえます。

　たとえば、トイレのスリッパを片づけるとき、何も言われなくても元通りにスリッパを並べる子どもがいる一方で、足型のイラストがあることで、どこに・どうスリッパを並べればよいのかが初めてわかる子どももいます。こうした場合には、何も言われなくてもできる子どもにはそうした工夫は不要かもしれませんが、少なくとも足型の存在がその子の生活をおびやかしたり、不安を与えるようなことはないはずです。

　子どもたちの「自分でできた!」と感じているときの誇らしい顔を想像してみてください。私たちは、子どもにかかわる立場として、その子の誇らし

さを一緒に味わいますし、そうした時間を増やしていきたいと願っているはずです。

　日々の保育では安全管理はもちろん重要ですが、同時に「これならわかるよ！」「これだったら自分でできるよ！」という、子どもが自信と安心感をもてる時間を増やしていくことも、また大事なことではないでしょうか。そのためには、いかに子どもたちにとってわかりやすい環境を整備し、子どもたちが自信をもって活動できるようにしていくのか、これが私たち大人の担う役割だろうと思います。

5　保育者も「環境」

　環境を整備することの意味についてここまで整理してきました。しかし、一口に環境といっても、保育室のレイアウトや、どうやって子どもにとってわかりやすい情報を伝えるかというだけのものではありません。

　私たちが見落としがちなのは、「私たち自身」という環境です。

　よく、現場の保育者から「いろいろ言いたいこともわかるし、環境を変えればよいことがあるのもわかったけれど、すぐに現場でできることはありますか？」と質問をいただきます。その際に、いつも伝えていることは、「私た

ちが穏やかになりましょう」ということです。ここでいう「穏やかに」には、気持ちだけではなく声のトーンや話すスピード、表情や態度などが含まれます。これらは、私たちが自分でコントロールできる、やろうと思えばすぐに実践できることです。

　その次にあるのは、「注意してはいけないということですか？」という質問ですが、そうではありません。もちろん、日々の保育では子どもに注意する場面も出てくるでしょう。ですから、子どもに対して指摘をしてはいけないわけではありませんし、伝えなければならない注意もあるでしょう。でも、そのときに大きな声を出したり、まくし立てるように伝える必要はないのではないでしょうか。むしろ、伝えたいことを冷静に伝えていくことが大切です。

　私たちは、子どもに理解してほしいことがあるからこそ、説明をします。威圧的・高圧的にかかわると、瞬間風速的な効果はあると思いますが、子どもは大人が伝えたい内容を理解したというよりも、「（大人が）怖いから」という理由で応じている場合も少なくありません。そうではなく、子どもと大人は対等な人間ですから、お互いの合意点を見つけていく「作戦会議」を一緒にするというスタンスがよいのではないでしょうか。

6 合理的配慮って何？

　皆さんは「合理的配慮」という言葉を聞いたことがあるでしょうか。障害を理由とする差別の解消の推進に関する法律（障害者差別解消法）に定められた概念で、保育現場を含む社会的な場面において何らかの障害特性がある場合には、必要なサポートについて子どもや保護者と話し合いながら一緒に考えていく必要があること、そうした話し合いを経て、現場にとって過重な負担にならない範囲で環境調整をしていくことが求められるというものです。

　つまり、障害がある子どもの場合には、その障害について知ろうとすること、そのうえで「できません」ではなく「何ならできるか」を考えていくような対応が求められることになります。そして、こうした対応や考え方は法的に義務づけられているものですので、「知らなかった」ことで、子どもたちの安全や安心を支えることができなかった場合には、お互いにとって大きな不利益になります。

　子どもの保育にかかわる立場としては、こうした知識や実際の取り組みについて学んでいくことが求められます。ただし、保育現場には保育現場の専門性がありますし、日々の業務のなかではそうした余裕をもてないこともし

ばしばです。そのため、可能であれば保育現場として、相談できる場を確保することも必要なことかもしれません。たとえば、地域の療育センターや巡回相談員、市区町村の保健師なども相談先の一つでしょう。実際に、私自身もいくつかの保育現場にかかわらせていただいています。

　保育現場でできることも数多くありますが、保育現場だけで担わなければならないものでもありません。ぜひ、一緒に考える仲間を増やすという視点で取り組んでみてください。

7 スペシャルニーズのある子どもへの支援は専門家と協働して

　保育現場で子どもたちにとってわかりやすいかかわり方を模索し、工夫をしていっても、「うまくいかない」と行き詰まることがあります。そのなかには、より個別的で専門性の高いサポート、つまり「スペシャルニーズ」が必要な子どもたちがいるかもしれません。

　本書では、「ユニークな子」として発達の視点を主に取り上げていきますが、それ以外にも、現場では身体的な問題や慢性的な疾患など、さまざまなニーズをもつ子どもたちがいます。こうした多様な子どもたちに対応していくためには、保育者にも多様な対応が求められます。

　しかし、人員配置の問題などの現実的な状況を考慮すると、「できること」「できないこと」が出てきます。あるいは、「何か力になりたいけれども、どうしてよいかがわからない」ということもあるでしょう。

　子どもの成長にかかわることのすべてを保育現場で担えるわけではありませんし、現場だけで対応が難しいと感じられた際には、保育所等訪問支援

（療育の専門家が保育現場に足を運んで、支援を一緒に考える制度）などが利用できるかどうかも保護者と相談のうえ検討してみてください。必要に応じて専門機関と連携しながら、子どものニーズを確認し、具体的なかかわりについて一緒に考えていけるとよいでしょう。

　専門機関と直接連絡をとることが難しい場合には、保護者から専門機関での様子を教えてもらったり、保護者を通じて園での様子を共有したりしながら、保育現場で取り組めることを考えるきっかけにしてもよいかもしれません。療育などの専門分野と保育では、どちらが優れているなどの上下関係はありませんし、そのように考える必要もありません。ただ、それぞれに専門性がありますから、お互いの知識や経験を共有していくことで、子どもたちが安心して学び、成長できる環境をつくっていき、お互いにハッピーになっていくことを目指していきたいと、私は思っています。

参考文献

1) Honda, H., Sasayama, D., Niimi, T., Shimizu, A., Toibana, Y., Kuge, R., Takagi, H., Nakajima, A., Sakatsume, R., Takahashi, M., Heda, T., Nitto, Y., Tsukada, S. & Nishigaki, A. (2024). *Awareness of children's developmental problems and sharing of concerns with parents by preschool teachers and childcare workers: The Japanese context. Child: Care, Health and Development*, 50(1), e13153.
   https://doi.org/10.1111/cch.13153
2) Conn-Powers, M., Cross, A. F., Traub, E. K. & Hutter-Pishgahi, L. (2006, March). *The universal design of early education: Moving forward for all children. Beyond the Journal: Young Children on the Web.*
   https://www.naeyc.org/files/yc/file/200609/ConnPowersBTJ.pdf
3) Darragh, J. (2007). *Universal design for early childhood education: Ensuring access and equity for all. Early Childhood Education Journal*, 35(2), 167-171.
   https://doi.org/10.1007/s10643-007-0213-4
4) Katz, J. & Mirenda, P. (2002). *Including students with developmental disabilities in general education classrooms: Educational benefits. International Journal of Special Education*, 17(2), 14-24.
5) National Institute of Child Health and Human Development Early Child Care Research Network. (2006). *Child-care effect sizes for the NICHD Study of Early Child Care and Youth Development. American Psychologist*, 61(2), 99-116.
6) Sylva, K., Melhuish, E., Sammons, P., Siraj-Blatchford, I. & Taggart, B. (2004). *The Effective Provision of Pre-School Education (EPPE) Project: Final Report*. London: Institute of Education, University of London.

著者

COLUMN 子どもの数だけやりようはある

　私も二児の父ですから、日々子育てについて考えたりします。子育てでは、我が子には「よりよいものを」と思うのが親心かもしれません。子どもに「〇〇ができるようになってほしい」と願う保護者や先生方も、その子の幸せを願ってのことだと思います。

　それはときに、子ども側に立てば「何でこんなことを強いられるのか？」と感じることもあるでしょう。その結果、周囲は「どうして〇〇をしないのか？」と疑問に思い、お互いの思いにズレが生じてきてしまい、どんどん苦しい状況になることもあるかもしれません。

　「何が幸せなのか」「何が悪くない生活なのか」という価値基準は人によって異なります。まずは、そうしたことを理解する必要があるのではないでしょうか。

　子育てや保育に関する書籍を検索すると、「才能を伸ばす〜」とか「脳科学の〜」という言葉がたくさん出てきます。それぞれの本や内容の是非は私にはわかりませんし、そうしたことを言う立場でもありません。誰かにとっての良書は、誰かにとっては悪書かもしれません。それは唯一無二の方法があるのではなくて、それぞれの人にあった方法があるということを意味しているのではないでしょうか。

　誰かにとってうまくいったことは、誰かにとってはうまくいかないかもしれません。でも、それは考えてみたら当たり前で、子ども自身もそうであり、保護者を含めた周囲にいる大人や子どもの環境、生活している環境は皆違います。置かれている環境が違えば、必要なサポートも違います。

　一律に「こうあるべき」と考えたり、当てはめようとするのではなく、「今、何が必要なのか」を考えること、「こんな考えもあり」という視点をもってみること（もちろん私の考えを含め、迎合しなければならないものではなくて、どれも皆さんの選択肢の一つであるということ）も大切ではないでしょうか。

著者

COLUMN

プラスαの対応は「ずるい」のか？

「必要な支援や配慮などのプラスαがほかの子どもたちから"ずるい"と言われることがあります。こうしたとき、どのように子どもたちに説明したらよいのでしょうか？」と相談を受けることがあります。

私たちはつい、「君はできるよね」と我慢をしてもらったり、それを期待するような言葉かけをすることがあります。でも、そもそもどうして「ずるい」と思うのか考えてみるのはどうでしょうか？

たとえば、私は寒さにめっぽう弱いので、冬になると石油ストーブを使います。これを「いいなぁ、ずるい」と思う人もいれば、そうは思わない人もいると思います。後者の場合には、そもそも今の暖房環境に不満がないので、「いいなぁ」とはなりませんし、「いや、関東ならエアコンで十分じゃないの？」と思う人もいるでしょう。

でも、「ずるい」と思う場合には、今の暖房環境に対して、何らかの不満やストレスがあるから、そう思うわけです。めちゃめちゃ寒い地域に住んでいるけれど、何らかの事情で石油ストーブが使えない！　となれば、「何でこっちのほうが寒いのに、こっちは使えなくて、佐々木は使えているんだ！　ずるい！」となります。

つまり、今の環境に対して不満をもつには理由がある（多くの場合、自分も困っている）のです。そう考えると、「どうして〇〇さんだけ！　ずるい！」と言われるとき、その発言をする子が実は困っているのかもしれません。なので、「君はできるでしょ」とか「君はこれがなくても大丈夫でしょ」と促すのではなく、「もしかすると、少なからずしんどい思いを抱えているのかも？」「やれているようだけれども、負担は小さくないのかも？」と考えてみてもよいかもしれません。そして、そこで考えられた生活が便利になるような工夫は、どの子どもに対しても認めていく（子どもたちの選択肢を削らない）ことも必要な視点なのではないでしょうか。

第 2 章
苦手場面別 なぜ？から考える 支援・対応のヒント

トイレに行きたがらない

スリッパの履き心地や見た目が苦手

❓ それってどういうこと？

わずかな履き心地の違いに敏感な子どもたちがいます。これも感覚の偏りが影響しています。感覚が敏感な子のなかには、スリッパが足の裏にあたる感覚をまるで剣山の上を歩くように「痛い」と感じる子もいます。ほかにも、スリッパにキャラクターがついていると「怖い」と感じてしまう子もいます。

❗ 支援・対応のヒント
「履きたくなる」「好きなもの」を選べるようにする

履き心地の違うスリッパを複数用意することも一つの方法です。履き慣れている靴をトイレ専用に用意してもよいでしょうし、見た目が怖ければ、無地のスリッパに変更したり、好きなキャラクターのシールを貼ることで、好きなものに変えることができるかもしれません。「どうすれば履きたくなるか」という視点で考えてみることがポイントです。

まとめ

誰にとっても苦手なことはありますが、その苦手に対してどのくらいチャレンジする必要があるのかはケースバイケースです。そして、背景に感覚的な課題があるとすれば、それは我慢する必要のあることやわがままではないことがほとんどです。「嫌だ」「怖い」という経験を積み重ね、「もうやらない」という決心に結びつけないようにすることが重要です。

刺激の多さが不安の種

? それってどういうこと？

子どもが多いと、自然とざわざわとした状況になりやすいです。でも、そうした「ざわざわ」が苦手で、集中できなくなったり、緊張してしまう子どもがいます。また、子どもは自由な発想で行動するので、予測がつかないことが起きる場面もありますが、そうしたイレギュラーさが不安の種になる場合もあります。

❗ 支援・対応のヒント

安心してトイレを使える環境をつくる

目的は「集団に慣れること」ではなく、「安心してトイレを使えること」です。そのためには、一人で使える時間を設ける（トイレを使う時間をずらす）、いつも個室を使えるようにする、みんなとは別のトイレを使ってみる、トイレ内でのルールを子どもたちと考えるなど、さまざまな視点を考えてみるとよいでしょう。

まとめ

現場では子どもに勇気をもってもらおうと励ますことがよくあります。その励ましが子どもの後押しになることもあれば、そうならないこともあります。特に後者の場合、私たちに余裕がなくなってくると、「これくらいできるでしょ」と思いがちです。でも、「何かが不安なのかもしれない」と考えてみることが、解決のヒントにつながるでしょう。

場所や形が変わると、全く別のものに見えている

❓ それってどういうこと？

私たちは、一度トイレの使い方を覚えたら、どこのトイレでも大丈夫です。これを心理学の専門用語で「般化」といいます。つまり、環境が変わっても応用がきくということです。でも、こうした「般化」が難しい子どもたちは、場所やトイレの形が変わると、トイレが別のものに見えて、「できるはずなのに、できない」のです。

❗ 支援・対応のヒント

励ましよりも、丁寧に教えるが吉

「別の場所でできたのだからここでもできるはず」と思わずに、「場所が違うから不安なのかもしれない」ととらえ、園のトイレの使い方を一から教えるつもりで対応してみましょう。その子に「あ、わかった！」と感じてもらうことが大切です。

まとめ

子どもたちが大人の期待通りに行動できていない姿を見ると、つい「ほら、頑張って！　かっこいいところ見せて！」と励ましたくなります。それが悪いわけでは全くありません。でも、それだけではうまくいかないときには、「もしかして別ものに感じてる？　初めて経験するように感じているのかも？」という視点で考えてみませんか。

実はこんな理由がある!?

不快感や濡れた感覚が薄い

？ それってどういうこと？

感覚の偏りがあるお子さんのなかには、感覚が弱く、「濡れたことに気がついていない」「気がついていても、不快感がない」という子がいます。当たり前ですが、私たちが汗をかいたら着替えるのは、汗のベタつきに気がついているからではないでしょうか。気がつかなければ、オムツやパンツが濡れていても着替えようと思わないのです。

！ 支援・対応のヒント

自覚を促すよりも、不都合を小さくする

オムツやパンツが濡れていることに気がついていない場合には、定時誘導をして失敗そのものを減らすことが一つの方法です。「気がついているけれど、不快感がない」という場合は、「オムツやパンツが濡れたときはトイレで交換する」というルールを教えていきましょう。成長に伴ってこうした感覚が身についてくることはありますが、まずは今の発達段階で取り組めることに目を向けましょう。

まとめ

人は、自分の感覚しかわかりませんから、どうしても自分を基準に感覚を考えてしまいがちです。でも、自分とは異なる感じ方をすることがある場合があるかもしれないと、感覚の多様性も考えてみてもよいでしょう。よい・悪いではなく、それぞれの違いを理解し、それぞれの子どもの発達段階にあった工夫を考えていきましょう。

実はこんな理由がある!?

排尿・排便の感覚が弱い

❓ それってどういうこと？

排泄の感覚が弱い子どもがいます。これには、経験不足や育て方が原因ではなく、感覚の偏りという脳の発達の多様性の一つが関係していることがあります。だとすれば、「感じないものを感じるように、気がつくように」というのは、まるで超能力を求めるようなものです。

❗ 支援・対応のヒント

いつも同じ流れでトイレに誘う

感覚を教えることは難しいのですが、「できた」という経験を増やすことはできます。たとえば、「散歩の前はトイレ」のように、タイミングを決めて誘うとよいこともあります。いつも同じ流れで取り組むことで、子ども自身も「散歩の前はトイレだ！」と気がつきやすくなり、結果的に不必要な失敗を減らすことにつながります。

まとめ

発達段階が進めば、こうした感覚が変わってくることがあります。大切なことは、「感覚の偏りがあることによる不都合を減らすこと」です。よく「失敗から学ぶことも大切」といわれますが、失敗続きになると、むしろ自信を損なわせるだけになってしまいます。子どもたちに「これならできるかも」と思ってもらえることが、現場の腕の見せどころです。

トイレ内のルールが守れない

実はこんな理由がある!?

子どもにとっては意味が薄い

子どもの行動に意味をつくってみる

これは、裏を返せば、意味がわかればモチベーションが生まれるということです。その「意味」を考えるのが、皆さんの腕の見せどころです。たとえば、「スリッパを並べてね」と言うのではなく、「バイキンをやっつけよう！」とバイキンのイラストの上にスリッパを置くように提案して、子どもたちが楽しそうにスリッパを並べてくれるようになった取り組みもあります。

？ それってどういうこと？

「スリッパや靴をそろえて並べる」というのは、いわゆる「マナー」として求められることがあります。マナーは大切ですし、大人は「してほしい」ことですが、年齢が低い場合にはその意味を十分理解することは難しい場合もあります。自分にとって意味のわからないことをするのは、誰にとってもモチベーションが低くなりがちです。

まとめ

もちろん、これはあくまで一例です。バイキンが苦手な子どもは、かえって不安になってしまうかもしれませんから、足型にするほうがよい場合もあります。大事なことは、「何度も言って聞かせる」のではなく、子どもたちにとって「興味や関心がある」「その行動をとる意味がある」という視点からのアプローチを考えてみることです。

見えていないものは気がつきにくい

? それってどういうこと?

言葉を理解しているのに、見えていないと気がつかなかったり、指示を忘れたりすることがあるかもしれません。その結果、言われたときにはできるけれど、何も言われないときには、自分では気がつきにくいことがあります。

! 支援・対応のヒント

百聞は一見にしかず

見えていないと気づかないということは、「見えていると気づきやすい」ということです。だとすれば、トイレでどこに立つのかを足型のイラストを提示して「見てわかるようにする」のも一つの方法です。靴箱に靴をしまえるのは、置き場が目で見てわかるからです。また、トイレのスリッパも、並べるように声をかけるより、スリッパを置く位置を具体的に示すのがよいでしょう。

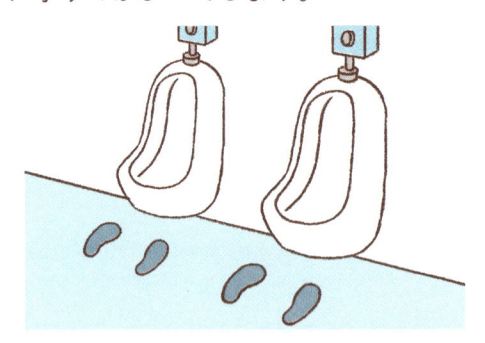

まとめ

保育では「できないことができるようになること」を目指しがちです。もちろん、できることは多いに越したことはないでしょう。でも、そういうときこそ、「そういえばできているところってどこだっけ?」と考えてみることが手がかりの一つになります。それが、子どものよさを活かすということになるでしょうし、子どもも「自分でできたぞ!」と手応えを感じやすいはずです。

実はこんな理由がある⁉

そもそもルールが伝わっていない

❓ それってどういうこと？

「お友だちが嫌がることをしないでね」と伝えても、それが「トイレの個室は覗かない」「友だちを押さない」という意味だとは理解できていないことがあります。発達に偏りがある子どもにとって、言われていないことを汲み取るのは難しいことがあります。

❗ 支援・対応のヒント

してほしい行動を見える化する

そもそもどのような行動をとることを期待されているのかを具体的に伝えることが必要です。言葉だけではイメージしづらい場合には、個室が空いているのかどうかは（覗いて確認するのではなく）ノックして確認するというルールのイラストをドアに貼って、どのような行動をとればよいのか、見て確認できるようにする方法があります。

まとめ

当たり前ですが、「安全の確保」も大切なキーワードの一つです。個室を覗こうとするのは、その行動が望ましくないというだけではなく、安全管理の面でも対応が必要です。でも、その場に保育者がずっといるわけにはいきませんから、先生がいなくても、子どもたちが自分でルールを確認できるような工夫をします。

手を洗うのが難しい

実はこんな理由がある!?

感覚の敏感さが関係する

? それってどういうこと？

水やハンドソープの感触や香りなどが苦手と感じる子どもたちがいます。不思議に思われるかもしれませんが、私たちとは違う感じ方をしているために、行動をためらったり、戸惑いを感じていることがあります。

❗ 支援・対応のヒント

慣れさせるよりも、無理のない提案をする

実際にどのような感覚の受け取り方をしているのか判断することは難しいので、保護者に「家庭ではどうしているのか」を聞いてみることも一つの方法です。冷たい水は苦手でも、お湯なら大丈夫だったり、無香料のハンドソープなら問題なく使えるかもしれません。どうしても難しい場合には、濡らしたタオルや除菌シートで拭くという対応が必要な場合もあります。

まとめ

毎日することだから「次第に慣れるはず」と思うかもしれません。でも、感覚の敏感さが関係している場合には、慣れさせようとすることで、かえってその子の不安が強くなることがあります。なかには、そのことでその子がヘトヘトになる場合もあります。「これの何が嫌なの？」と思うよりも、「実は感じ方が違うのかも？」と、違った角度から考えてみましょう。

手順に心配がある

? それってどういうこと？

手洗いの工程は、意外に複雑なものです。どのくらい、どんなことをするのか、めどが立たないと、うまく行動に取りかかれない慎重な子どもがいます。もしかすると、「どんな手順で手洗いをしたらよいのかがわからないから、戸惑う」のかもしれません。

! 支援・対応のヒント

よりどころを増やす

保育者が一緒に取り組んで手順を教えるのも一つの方法ですが、「よりどころを増やす」という視点をおすすめします。
具体的には、手洗いの手順を書き出し、それを手洗い場に貼り、子どもが見ながら取り組めるようにします。一覧にして示す、単語カードのようにめくりながら確認してもらうなど、その子に合わせた伝わりやすい方法で提案していきましょう。

まとめ

「そんなものがなくてもできるようになるのでは？」と思うかもしれませんし、いずれは覚えるかもしれません。でも、子どもが今不安なら、その不安を今減らすことを考えましょう。方法は一つではなく、いくつもあること、そして子ども自身にも「これがあれば安心」と思えるような手がかりを増やせたら素敵だと思います。

実はこんな理由がある!?

いつもと違う流れで違和感がある

❓ それってどういうこと？

子どもにも、「毎日の生活のルーティン」があるかもしれません。そうしたルーティンが変わることに対して、ストレスがかかる場合や、いつもと違うことで戸惑いを感じる場合もあります。

❗ 支援・対応のヒント

流れを整理して事前に予告する

手を洗うタイミングというのは、公園から帰ってきた後、給食の前など、ある程度決まっていることが多いと思います。そうした活動と手洗いをセットにしていくことで、子ども自身も流れがわかりやすくなります。とはいえ、いつも決まった流れにできないこともありますから、事前に「〇〇の後は手洗いだよ」と伝えたほうがよいこともあります。

まとめ

一般的には何でもないような変化や変更も、子どもたちは実は多くのエネルギーを使いながら、必死に折り合いをつけようとしてくれていることがあります。その子にとって折り合いがつけやすくなる、心積もりをもってもらえるように、小さな工夫・調整をしましょう。そうした小さな対応が大きな支えになるのです。

水道の水を止めない

実はこんな理由がある!?

水が大好き!?

❓ それってどういうこと？

人には苦手な感覚もあれば、好みの感覚もあります。それらを必要以上に怖がったり、あるいは没頭するような感覚の偏りのある子どもたちがいます。感覚の好みとして水の流れる音や見た目、ひんやりした触り心地……。水のこうした感覚に魅了されているのかもしれません。

❗ 支援・対応のヒント
次の魅力を提案する

「どのくらい不都合があるのか」によって対応は変わりますが、しょっちゅう水を出して遊んでいる場合、水に対する感覚の問題よりも、「それしか楽しみがない」ことのほうが問題かもしれません。その子が好きなものや時間を過ごせるものを探し、提案していくことがポイントです。水が好きなら、オイルタイマーのような眺めて過ごせるものを使ってもらうこともできます。

まとめ

子どもは「好きなものは好き」ですから、それをやめさせることは簡単ではありませんし、得策ではありません。むしろ、それに没頭するしかない環境に課題があるととらえ、好きなことに没頭できるなら、その子の視点に立ってほかの好きなものを探してみることが大切です。

自分でも終われなくなっている

❓ それってどういうこと？

「終われない？　どうして？」と思うかもしれません。自分ではうまく区切るタイミングを見つけられない場合があります。「いや、終わればいいじゃない」と大人は思いますが、実は「終われなくて困っている」という場合もあるのです。

❗ 支援・対応のヒント
終わり（ゴール）を伝えてあげる

終われないのは、ゴールがはっきりしていないことが原因です。ですから、どうなったら「終わり」なのか、終わったら次は何をするのかを伝えていくとよいでしょう。たとえば、「10数えたら終わり。次は〇〇だよ」と伝えます。その際、終われない状況になって声をかけるより、事前に予告することがポイントです。

10数えたら終わり
次は製作だよ

まとめ

子どもですので、大人が強引に終わらせることもできないわけではありません。でも、同じ「終わる」のでも、「人に終わらせられた」のと、「自分で終われた」のでは、ずいぶんと意味合いが異なります。ずっと同じ行動をしている子どもは、「自らは切り上げられないのかもしれない」「もしかすると、終わりがわからないのかもしれない」と思ってかかわってみましょう。

目の前の魅力が強すぎる

? それってどういうこと？

誰でも、自分にとって魅力的なものには没頭するものです。多くの子どもはその後、ほどほどのところで次の活動に切り替えられるのですが、なかには目の前のものが魅力的すぎて、次の活動どころじゃない！　という子どももいるのです。

! 支援・対応のヒント

魅力には魅力を

目の前の魅力（例：水）に没頭しているのであれば、それに対抗するのは「別の魅力」です。たとえば、その子が好きな遊びに誘うのも一つの方法でしょう。しかしそうしたときは、残念ながら言葉だけでは届かないことがあります。ですから、玩具を見せながら誘うなど、具体的に魅力を見せるという方法がよいでしょう。

ガオー
ガオー

まとめ

「切り替えてくれない」と考えると、いかにも苦手や課題のように感じられますが、魅力あるものにそれだけ注目できる力があるという見方もできます。苦手を克服するよりも、子どものよさを活かすという発想のほうがうまくいきやすいものです。この場合、「魅力が目に入るとよく見てくれる」という強みがあるので、その子にとって魅力的だと感じるものを提案できるかがポイントとなります。

走り回ってしまう

実はこんな理由がある!?

見えると走りたくなっちゃう

? それってどういうこと？

長い廊下、広い場所、そうした自由に動ける空間は、子どもたちにとってみれば魅力的な場所です。ですから、「わかっているけど、広い空間が見えると走りたくなる！」ということもあるのです。

❗ 支援・対応のヒント

空間をデザインしよう

「見えると走りたくなる」というのは、裏返すと「見えなければ走らない」ということでもあります。そうした空間を見えないようにすることはできませんが、長い廊下であればパーテーションを使うことで、少し狭く見せることはできます。「これ、走りがいがあるなぁ」という空間を減らすことがかかわりのヒントです。

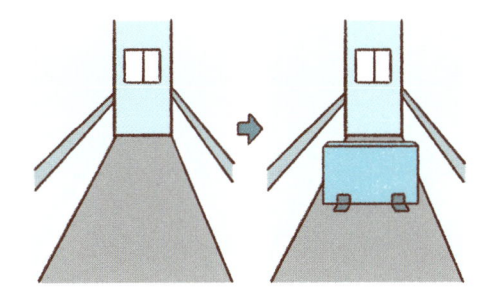

まとめ

子どもたちが「走りたい！」と思うような場所を見せて「走ってはダメ」は難しい場合があります。何度伝えても難しいときは「言って聞かせる」より「そもそも環境に問題があるのでは？」という視点も必要です。とはいえ、そもそも「どうして走ってはいけないのか」「走ることによる具体的な不都合はあるのか」と考えてみてもよいかもしれません。

ダメ？じゃあ、どうすればいいの？

❓ それってどういうこと？

「ダメなものはダメって言ったほうがいいんじゃないの？」と思うかもしれません。でも、「ダメなのはわかるけど、じゃあどうすればいいの？」と困惑する子どももいます。繰り返し注意が必要な場面は「どうすればいいか伝わっていない」と思ってみてはいかがでしょうか。

❗ 支援・対応のヒント

ダメよりも、してほしいことを伝える

「走らないで！」と何回か言って走らなくなるのであればよいのですが、そうならない場合には「歩こうね」など具体的にしてほしいことを伝えるほうがよいでしょう。言葉かけが具体的になることで、子どもたちも自分が期待されている行動がわかりやすくなるものです。

まとめ

何を期待されているのかわかっているけれどできない場合と、そもそもわかっていないのでは、同じ行動に見えても、その意味合いは全く異なります。具体的に指示をしてもできない場合、「そもそも、何をしてよいかわからなくて混乱している」こともあります。子どもにとってその活動が興味をもてたり、わかるものであるのか見直してみましょう。

キケンを予測できていない

? それってどういうこと？

走ること自体が悪いわけではないのに止めたくなる理由の一つに、「危ない」という安全管理の視点があります。そうした説明自体は理解できたとしても、まだ実際には起きていないことを予測したり、想像したりすることが不得手な場合には、ピンとこないことがあります。

! 支援・対応のヒント

歩きたくなるしかけをつくる

「走るから危ない」のであれば、「走らない形」にできればよいわけです。ある園では、「走らないで」と言うのではなく、廊下に「ケンケンパ」ができるような足型のイラストを貼りました。そうすることによって、その足型の上を歩いたりするようになりました。

まとめ

まだ起きていないことを予測するのが難しい子どもに、「予測できるようになって」「これくらいわかるでしょ」と伝えても、難しいものは難しいものです。「できないことをできるようにする」のではなく、現実的にできることは何かを考え、安全と安心のどちらも満たせるような合意点を見出していくことが、大人の役割ではないでしょうか。

歌を聞くと不安そうにする

その音を聞くのは修行かも

? それってどういうこと？

多くの人にとっては何でもないような音や楽しく感じられる音の聞こえ方が違う場合があります。特に敏感な場合には、子ども自身も参加したいと思っているけれども、つらくて参加が難しいのかもしれません。これも感覚の偏りの一つです。

❗ 支援・対応のヒント

音を調整するアイデアを探る

その場でできる対応としては、音（たとえば、スピーカー音）のボリュームを下げる、どの子であっても耳を塞いでいてもOKにする、その場に居られないときには別の活動を提案してみるなど、慣れさせようとするのではなく、保育者が調整できる点を探っていくほうが現実的です。自由にイヤーマフを使用できるようにするのも一つの方法です。

まとめ

「いつか慣れるのでは？」と思われがちですが、こうした感覚に慣れることは少なく、無理に慣れさせようとすると、かえって敏感さが増すこともあります。成長とともに平気になることもありますが、そこには生活における不安や不全感が小さく、「わかった」「できた」などの安心感や充足感の多さが大きく関係しています。ですから、「不安な時間を減らす」「安心できる時間を増やす」が、もっとも大切な対応です。

予想外のことで動揺している

❓ それってどういうこと?

これも感覚の偏りが関係することもありますが、加えて「予想外の音」で困惑している場合があります。「このタイミングで音が鳴ると思わなかった」「思っていたよりも大きな音でびっくりした」ことの結果として、不安が強くなってしまうことがあります。

❗ 支援・対応のヒント

まずは予告する

ボリュームの調整は、前ページの「その音を聞くのは修行かも」で紹介した通りです。同時に、可能なら「今から音が出るよ」と予告をすることで、「これから音が鳴るんだ」と心積もりがもて、予想外の不安や混乱を減らせるでしょう。

音が出るよ

まとめ

予想外のことを楽しむ子どもがいる一方で、予想外で動揺する子どももいます。今回の場合に限ったことではありませんが、いわゆる「サプライズ」が、喜びよりも不安や緊張を強めるだけのこともあります。もし、予想外を楽しめない子どもがいたら、「予告したほうが楽しめる」場合もあるので、ぜひそうしたアプローチも検討してみてください。

実はこんな理由がある!?

いつまで歌うのかわからない

? それってどういうこと？

思っていたよりも子どもの声が小さかったり、自信なさそうにしているのを見ると、よかれと思って「もう1回やってみよう！」と言ってしまいがちです。でも、子どもにとってはいつまで続くかわからないので、かえって力を発揮しにくくなる場合もあるのです。

! 支援・対応のヒント

回数を決めて見通しを伝える

もう少しでうまくできそうなときに、つい「もうちょっとやってみよう！」と一緒に頑張りたくなるものです。それを望む子どももいますが、むしろ「2回やるよ」と回数が決まっているほうが、見通しをもて、安心して頑張れる子もいます。その日だけで上手にできるようになる必要はないのです。

まとめ

終わりがわからないというのは、ゴールのないマラソンのようなもので、力の入れどころがわかりません。どこまで頑張ればよいのかを示すことで、頑張りやすくなることを目指してみてはいかがでしょうか。回数を決めて、その通りものごとが進むことで、「大人は約束を守ってくれる」と子どもたちに感じてもらうための一歩でもあります。

遊びを
切り上げることができない

切り替えに使うエネルギーが違う

？ それってどういうこと？

ずっと好きなことをできるわけではないので、「切り替えること」も大切な発達上の課題です。でも、そのために使っているエネルギーは子どもによって違います。車にたとえると、「燃費が違う」といってもよいかもしれません。

！ 支援・対応のヒント

まずは、子どもの努力を認める

切り替えてくれないと、次第に大人が焦り、ときに子どもにプレッシャーをかけたくなることもあるかもしれません。でも、ほかの子どもが5のエネルギーで切り替えているところを、10のエネルギーを使わないと難しい子どももいます。すぐに切り上げられないことを前提に、10分前、5分前から段階的に伝えていくことで「そろそろ終わり」と子どもに予想してもらうことも大切です。

あと10分だよ

まとめ

気持ちや行動を切り替えることは、決して楽なことではありません。強引に行動を切り替えさせることはできるかもしれませんが、気持ちは切り替わらずに不全感が残り、その気持ちが別の場面に行動として現れることもあります。状況によっては対応できないこともあるかもしれませんが、子どもが納得して切り上げられることを目指していきましょう。

時計が「見える」と「わかる」は違う

❓ それってどういうこと？

遊びの時間は大抵決まっており、「時計の針が数字の4までだよ」など、わかりやすく伝える工夫をしている現場もあります。でも、その意味はわかっても、実際にどのくらいの長さなのか、時間は見えませんから、「はい、4になったよ」と言われても、「急に終わりが来た！」と感じてしまうこともあるようです。

❗ 支援・対応のヒント
時間を見える化しよう

時間という目には見えないものを、見えるようにする方法があります。たとえば、タイムタイマーというものもあれば、スマートフォンやタブレットで無料でダウンロードできるアプリもあります。ほかにも、ホワイトボードにおはじきをつけて、時間が経過するごとにおはじきを減らしていって、全部なくなったら終わりと伝える方法もあります。

まとめ

退勤5分前に1時間かかる仕事に取りかかる人はいません。それは、5分がどれくらいかを概念として知っているからです。でも、子どもはまだそこまで時間を把握できないので、数字だけ伝えられてもうまく行動を調整できない場合があります。時間を見える化することで、「そろそろ終わりだな」と自分で気づけることもあります。

無視してないけど聞こえてないかも

❓ それってどういうこと？

多くの人は無意識にバランスよく注意力を配分していて、何か好きなことに没頭していても、声をかけられたら気がつきます。でも、目の前の楽しみがあると、そこに100%のエネルギーを注ぎやすい子がいます。そうすると、声をかけてもその声は全く届いていない（＝聞こえていない）という場合があるのです。

❗ 支援・対応のヒント

聞きやすい環境をつくる

注意力のバランス調整は無意識に行っているものなので、「できるようになってほしい」というのは難しいです。無意識を意識できるようにではなく、気がつきやすくなるはたらきかけをすることがポイントです。たとえば、区切りのよさそうなタイミングで目の前に行くなど、一度子どもの注意を保育者に向けてもらって、話を聞きやすい状況をつくるようにします。

できたー

まとめ

「本当にこの距離で聞こえないの？」「大きな声で伝えているのに、無視しているように見える」と感じることもあるかもしれません。でも不思議なことに、聞こえていないものは聞こえていないのです。「聞いてもらうまで声をかけること」ではなく、「聞いてもらう準備をしてもらうこと」にエネルギーを使いましょう。

次のチャンスがわからないので、手放せない

? それってどういうこと?

どんなに好きなことでも「また後でやればいいや」と思えると、一旦は終えることができます。でも、「次いつ遊べるのかわからない」とすればどうでしょうか。きっと、「今遊び切らないと!」と考えるはずです。

❗ 支援・対応のヒント

次に遊べる約束を伝える

今は終わりだとしても、その続きができることがわかると、納得して切り上げてくれることがあります。たとえば、「ブロック遊び→給食→ブロック遊び」という流れをホワイトボードに書く、つくりかけのブロックは壊さずに保管でき、翌日続きができることが保証されているなどです。いずれにせよ、言葉は消えてしまいますから、見て確認できるようにしながら、見通しを伝えることがポイントです。

まとめ

これらの方法は、子どもに「我慢を覚えさせる」ものでも、「大人の指示に従わせる」ものでもありません。生じる不都合が小さくなるように、納得して次の行動に移ってもらうための方法です。大事なのは、「よくわからないままに応じる力」を育てるのではなく、「これならいいよ!」と折り合いをつけていく力を育むことでしょう。

本質は別にある！

❓ それってどういうこと？

「切り上げに困っているのに、それが本質じゃないってどういうこと？」と思うかもしれません。今の生活全体に不安や不全感が大きいと、自分が安心できる時間、活動、物から離れられなくなりやすいのです。ですから、そもそも「ここにしがみつくしかないくらい、ここが逃げ場なくらい、ほかが苦しいのかもしれない」こともあるのです。

❗ 支援・対応のヒント
生活の全体を見直す

子どもが頑張りすぎているかも、いつもと違う活動（イレギュラー）があるかもという視点で、生活を確認してみましょう。今まで口頭だけで説明していたことにイラストを加えることで「聴いて理解すること」の負担を減らす、イレギュラーなことがあれば「変わること／変わらないこと」を絵や文字で書いて説明するなども一つの方法です。

まとめ

目に見えた課題は「どう切り替えてもらうか」でも、その裏側には別の問題が隠れていることがあります。こうした視点は、あらゆる場面で大切です。目の前で起きていると、それを何とかすることを考えがちですが、「そもそも、どうしてこうなっているんだろう？」と考えてみることに、新しいかかわり方のヒントがあるかもしれません。

COLUMN 何気ない日常を楽しむ保育へ

　私たちの園には、子どもたちが走りたくなるような直線の長い廊下があります。

　これまでに、廊下の角や途中にある部屋から出てくる子どもたちが出合い頭にぶつかりそうになることが度々ありました。その都度、「廊下は走っていいところだっけ？」と子どもたちに口頭で確認したり、「あれ？　走っていいって先生言っていたの？」と尋ねたりしていました。

　しかし、声をかけたその場では保育者の言葉に反応して歩いても、数分経つとまたすぐに走りたい気持ちを優先して楽しそうに走る子どもたちの姿がありました。

　そこで、廊下に「ケンパ」の足型マークを貼ると、子どもたちは「何これー！」と興味津々。思い思いにケンパを楽しむ姿が見られるようになり、走る姿が減ってきました。

　ときには友だちと、ときには保護者と保育者が話している際に一人で楽しむなど、今では廊下でケンパを楽しむ姿が日常になっています。

　子どもたちに言葉で伝えることはもちろん大切ですし、継続する必要がありますが、そこにプラスして視覚で訴えることで、子どもたちがよりわかりやすく活動することができています。そして何より、日常をより楽しく過ごしていることが子どもたちの姿から見て取れます。

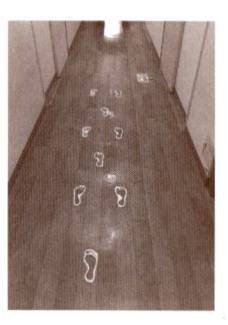

　私たちの園のビジョンである「笑顔満開保育園」は、日常を楽しく過ごすことを前提としているため、これからも聴覚・視覚の両方で同時に伝えることを大切にしていきたいと思います。

COLUMN 「目に見える支援」で泣かなくなったAくん

　場面の切り替えの際に泣いてしまう2歳児（Aくん）についてのかかわりを紹介します。

　Aくんの泣いている姿からは、「まだ今の活動を続けたい」「次に何をするのか、どこに行くのかがわからなくて不安になる」といった理由が見て取れました。そこで、場面が切り替わるときに、次の行動を言葉で伝えるようにしてみました。

　「時計の針が赤いシールのところにきたら片づけをして、○○公園に行くよ」や「次は○○の部屋に行って遊ぶよ」などと声をかけたところ、毎回ではありませんが、泣かずに次の行動に移せることがありました。

　以前、臨床心理士による巡回訪問の際に「言葉では行動をイメージできない子がいる。そんなときはイラストや実物、写真を使うと伝わりやすい場合がある」と伺ったので、写真やイラストを用いたマグネットをつくり、ホワイトボードに貼って1日の流れを目で見てわかるようにしてみました。

　その写真やイラストが何を示しているのかがわかるまで泣いてしまうことはありましたが、繰り返し1日の流れを掲示し続けることで、何を示しているのか、また、何の順番なのかがわかるようになると、泣かずに行動できるようになりました。担任としては、Aくんのために1日の流れを伝えていたのですが、さらにクラス全体が見通しをもって行動できるようになったのです。

　大人でも、次に何をするのか、どこに行くのかがわからないと不安に感じることがあるように、子どもが不安に感じるのは当然です。次の行動に見通しをもつことができると落ち着いて行動できるとともに、気持ちの切り替えも自分で行えるようになったので、目に見える支援を今後も取り入れていきたいです。

片づけや整頓が難しい

実はこんな理由がある!?

どこに何を片づけるのかがあいまい

❓ それってどういうこと？

「使ったものは、元の場所に戻しましょう」とよく言われます。確かにその通りですが、元の場所がわかりにくいと、片づけもはかどりません。片づけられない背景には、どこに、何を片づけるのかがわかりにくくなっているという場合もあります。

❗ 支援・対応のヒント

気持ちに訴えるよりも、パッと見てわかるようにする

「片づけられたらかっこいいよ」「自分でお片づけができたらえらいよ」などの声かけで、子どものモチベーションを高めようとすることがよくあります。それ自体が悪いわけではありませんが、もっとよい方法があります。それは、ブロックを片づける箱にはブロックの写真を貼るというように、どこに何を片づければよいのかを一目瞭然にすることです。

まとめ

保育者が現場で考えたいのは、どう声をかければ子どもたちのモチベーションが上がるかよりも、子どもたちが「これなら自分でできるよ！」と思えるような環境って何だろう？　と考えることです。そのためには、自分で見てわかるようにすることで、自信をもって取り組めるようにすることがポイントです。

整理された イメージが つかみにくい

? それってどういうこと?

片づけや整理整頓といっても、具体的にどう片づければよいのかはイメージがつかみにくいものです。そのため、「きっちり戻してね」と言われても、「きっちり」が何を示しているのか、大人のイメージと子どものイメージにズレがあるかもしれません。

! 支援・対応のヒント

イメージの共有をする

お道具箱の中をどう整理するのか、いすはどこに置くのかなど、大人が期待していることの見本を写真などを使って見せていく方法があります。本は青、図鑑は緑など、それぞれの背表紙にシールを貼り、青は青エリアにしまう本、緑は緑エリアにしまう本など、完成形を見てわかるようにすることも一つの方法でしょう。

まとめ

「何度も言わないといけない」という状況は、「伝わっていないかもしれない」「子どもにとってわかりにくいのかもしれない」と考えてみるとよいでしょう。見本がいつも見えることで、子どもは何を期待されているのかがわかりやすくなります。

実はこんな理由がある!?

誘惑が多いの
かもしれない

❓ それってどういうこと？

片づけている途中に、別の魅力が目に入ってしまうと、ついそちらで遊び始めてしまうことがあります。大人は「我慢してほしい」と思うかもしれませんが、子どもは魅力的なものが目に入ると、そちらに魅了されてしまう場合もあるのです。

❗ 支援・対応のヒント
我慢する状況をつくらない

「見えると触りたくなる」のは、裏を返すと「見えないと触らない」ということです。まずは、クラス内の刺激が整理されているかどうかも確認してみましょう。たとえば、玩具を片づける場所は決まっていても、玩具自体が見えっぱなしだと、ついそちらに注意が向いてしまうこともあります。その時間に不要なものは、箱に入れたり、布やカーテンをかけたりして、見えにくくするなどもよいでしょう。

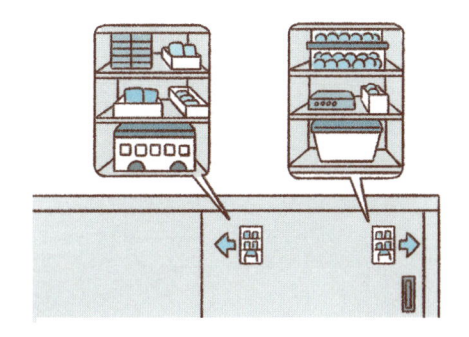

まとめ

「見えるのにやらない」というのは、子どもによってはとても高いハードルです。誘惑をつくっておいて「やらないで」ではなく、そもそも誘惑を少なくするような環境づくりが大切です。まずは「できた」と感じられるように、「刺激を整理する」という視点をもってみましょう。

製作の指示が伝わらない

指示が長過ぎる、または多過ぎる

❓ それってどういうこと?

指示が長くなってくると、聞き漏らしたり、部分的にしか聞き取れていなかったりすることがあります。特に、初めて聞いた内容であればなおさらです。私たち大人もそのようなことはないでしょうか。でも、自分たちは「この説明で大丈夫だろう」「伝わっているはず」と思いがちです。

❗ 支援・対応のヒント
指示は一つずつ

一度に説明したくなる気持ちをグッと抑え、「1番○○」「2番○○」というように、工程を一つずつ説明してみましょう。先に全体像を伝えてから、まずは1番の指示をして、そこまで取り組んでもらい、それができたら次の指示をして……と繰り返してもよいでしょう。

まとめ

聞き漏らしや聞き間違いがあっても、ふざけていたり努力が足りないという問題ではないことがほとんどです。仮にそう見えたとしても、「わからないからふざけてしまった」のかもしれません。子ども側に問題点を見つけるのは簡単ですが、大人に合わせてもらうのではなく、大人側が、子どもにとってわかりやすい環境を整えていくことが必要です。

言葉だけでは イメージ しにくい

❓ それってどういうこと？

製作は、多くの場合、初めて取り組むことかもしれません。自分の経験にないことや初めてのことを言葉だけでイメージしたり、理解したりするのは、大人が思うよりも難しいことなのです。

❗ 支援・対応のヒント
言葉以外の手がかりを増やす

イラストや写真、実物を見せながら説明していくことで、伝わりやすくなります。手の込んだものでなくても、その場で描きながら説明するのもよいと思います。どこを切るのか、どこにのりをつけるのか、どこに貼るのかなどを示すことも一つの方法です。「言えばわかる」かもしれませんが、それは「指示があるまで不安な時間を過ごす」ということでもあります。

まとめ

何度伝えても伝わらないと、次第に余裕がなくなり、つい言葉がきつくなりがちです。でも、もし購入した家具の組み立て方の説明書が文字だけだったら、「なんてわかりにくいんだ」と思いませんか。同じことを子どもたちにしていないか、振り返ってみましょう。そうでないと、わからないまま取り組んでもらうことはできたとしても、達成感は乏しく、「自信のない子ども」になりかねません。

実はこんな理由がある!?

感触が苦手で触れない

？ それってどういうこと？

製作で使用するのりのベタベタした感触が嫌で触れないことや、クレヨンの書き心地が苦手なこともあります。そうした感覚的な問題で、「やらない」のではなくて、「できない」ことがあるのです。

！ 支援・対応のヒント

励ましよりも、代案を提案する

つい、「一緒にやれば大丈夫だよ」「終わったらすぐに手を洗おうね」と声をかけてしまいがちですが、子どもにとってみれば「全然自分のことをわかってくれていない」と感じるかもしれません。「これは嫌なんだよね」と共感したうえで、のりではなくテープを使うなど、別の方法を提案してみることも一つの方法です。

まとめ

せっかくの製作ですから、「やらされた」と疲労感を募らせるのではなく、「できた！」と達成感を味わってもらいたいものです。そのためには、「嫌だけど頑張った」ではなく、「先生が一緒に作戦を考えてくれた」と感じてもらう必要があるかもしれません。そして、そうした一つひとつの対応の積み重ねが、子どもとの信頼感につながってくるものです。

気持ちの
コントロールが難しい

実はこんな理由がある!?

子どもなりの精いっぱいの表現をしている

? それってどういうこと？

大人は嫌なことがあっても、手を出さないのはどうしてでしょうか。言葉という、別の、より建設的な手段があることを知っているからです。でも、言葉でうまく伝えられないとしたらどうでしょうか。行動で示すのは、それが子どもからのメッセージなのかもしれません。

! 支援・対応のヒント

言い分を聞いたうえで、どう伝えたらよいかを確認する

つい、最初に「ダメ！」と言いがちです。しかし、子どもには子どもの理屈がありますから、一方的に注意するのではなく、まずは何があったのか、子どもの言い分を聞くことが大切です。話を聞いてくれない相手の話を聞こうとは思いませんよね。そのうえで、どんな表現を使うとよいのか、どんな表現はよくないのかを、クラス全体に提示してもよいでしょう。

まとめ

噛んだり、手が出てしまったりする状況は、子どもにとって余裕のない状況の表れです。そうしたときは、知っている言葉も思いつきにくいものです。大人でも、緊張しているとうまく話せないことはありますよね。イライラしていないときに、どう伝えるとよいのかをみんなで予習しておくことで、子どもたちに表現の選択肢をもっておいてもらいましょう。

わかっているけど、止められない

❓ それってどういうこと？

どう伝えたらよいかはわかっているし、手を出すのもよくないとわかっている子どもでも、発達上の特性から衝動的に手が出てしまう場合があります。自分でも、うまくコントロールできずに手が出てしまいがちなのです。

❗ 支援・対応のヒント
エネルギーの充電をしてもらう

我慢を教えていくことも必要ですが、まずはどのような状況でそうしたことが起きるのか（起きないのか）を整理しましょう。そもそも、疲労や不安が大きく、心身ともに余力のないときは衝動的になりやすいものです。そう考えると、疲れているときにはエネルギーを充電できるようにしていくことも一つの方法です。疲れを見える形で確認していくと、より伝わりやすく、相談しやすくなるでしょう。

まとめ

「衝動的な行動は困る」ものですが、実際には子ども側も困っています。自分でも「やってしまった」と落ち込んでいることもしばしばです。もちろん、手が出ることはよいことではありませんが、いつもなら流せることが流せないほど、エネルギーが減っているという見方もできるのではないでしょうか。

間違って身につけた!?

? それってどういうこと?

ほかの子どもが、誰かを叩いて玩具を持って行ってしまったような場面を子ども同士で見ることがあるかもしれません。それが適切でないことを状況から理解できる子もいれば、そうした読み取りが苦手な子もいます。そうした子は、「叩いて好きなものを手に入れる」という部分だけを切り取って理解してしまうこともあります。

! 支援・対応のヒント

正しい方法を教えていく

子どもたちが日々の暮らしの過程で身につけたことは、すべてが歓迎できるわけではありません。間違って身につけていると思えば、正しいやり方を教えていく必要があります。そうした際には、口頭だけで説明するよりも、まずは大人と一緒に正しいやり方を確認していくとよいでしょう。大人との間で難しいことは、子どもの集団だとより難しいものです。

まとめ

子どもが集団のなかで、こちらが期待していることを自然に身につけていくとは限りません。むしろそうしたことは不得手で、子ども同士のなかで誤解や困難を経験することがあります。どのようなことを教えていくのかはケースバイケースですが、ルールや知識などは大人が具体的に教えていくという視点でかかわっていきましょう。

ヘトヘトになっている

❓ それってどういうこと？

集団が嫌というわけではなくても、そのなかで苦手な感覚、よくわからない状況やイレギュラーなことが多いと、そこについていくだけで精一杯でヘトヘトになり、心に余裕がないのかもしれません。

❗ 支援・対応のヒント
安心できる空間をつくる

ヘトヘトになったときには、一人で安心して過ごせる空間で過ごしてもらってもよいと思います。気持ちの収まりがつかない場合に、一旦クールダウンの時間を過ごすために使うこともあります。大がかりなものでなくても、ダンボールや衝立などでそうした場所の設置はできるものです。可能であれば、1箇所ではなく、複数箇所用意できるとよいでしょう。

まとめ

「子ども同士でやり取りできる時間が減るのでは？」と思うかもしれませんが、やり取りの時間が増えることよりも、お互いに嫌な気持ちにならずに過ごせるほうが大切です。気持ちのコントロール以前に、減らせる刺激や負担を減らしていかないと、子どもだけに努力を強いることになりかねません。

困っていることをうまく伝えられない

❓ それってどういうこと？

「わからない」「てつだって」「へらしたい」「やすみたい」などの言葉を知っていても、不安や緊張が高まると、その場ではうまく言えないことがあります。その結果、我慢を続けてしまい、最終的には気持ちが溢れてしまうということもあります。

❗ 支援・対応のヒント
便利な表現を用意しておく

「その場で言葉が思いつかない」「知っているけれども、うまくタイミングがつかめない」ということもあります。活動の際には、「わかりません」「てつだって」などが書かれたカード（文字が読めない場合には、イラストでもOK）を用意して、それを保育者に渡してもらうことも一つの方法です。カードがあれば、自発的に言葉で伝えられることもあります。

まとめ

子どもの発達状況によっては、上記のような方法は難しいこともあります。保育者の顔を不安そうに見る、嫌なものは手で押し返すなどが、現実的な表現方法になることもあります。どのような表現が子どもに合っているのかを見極めることは難しいかもしれませんが、いずれにせよ「使えたら安心できる表現を教える」という方針が大切です。

朝夕の支度や
着替えで戸惑う

段取りをつけにくい

❓ それってどういうこと？

子どもは子どもなりに段取りを考えながら行動をするものですが、そうしたことが不得手な場合には、支度や着替えのように複数の手順があることに対して、うまく段取りをつけられずに戸惑うことがあります。

❗ 支援・対応のヒント

動線を工夫し、いつも同じ流れでできるようにする

準備をすることはわかっていても、毎回段取りを考えるのは負担が大きく、戸惑う場合があります。そうした場合には、いつも同じ流れで準備ができたり、一つの場所である程度準備が完了するように動線を工夫します。たとえば、一つのテーブルの前にかばんを置く場所を設け、そこで連絡帳やコップ、歯ブラシなどを順番に置いていけばよいようにするなどです。

まとめ

いつも同じ場所で、同じ流れで準備ができることで、そこに移動するだけで何をすればよいのか、見通しがつきやすくなります。そうすることで、周囲からの促しがなくても、自発的に、そして自立的に取り組めることが増えてくるでしょう。

実はこんな理由がある!?

言葉が残らない

❓ それってどういうこと？

言葉で説明されたことは、その場では聞き取ることができていても、一度忘れてしまうと確認できなくなってしまいます。そのため、不十分な理解のまま取り組んでしまい、毎日のことでも同じ行動ができないこともあります。

❗ 支援・対応のヒント

いつでも自分でチェックできる手がかりを準備する

どんな準備をすればよいのか、チェックリストのように自分で見て確認できれば、声をかけられなくても、自分で取り組めることがあります。その際には、文字、イラスト、写真など、何を手がかりとして活用するのかをその子に合わせて用意することが望ましいです。もちろん、ほかの子も使えるように、チェックリストを複数用意しておくのもよいでしょう。

まとめ

自分は何をすればよいのかが、目で見て確認できるようになっていることで、抜け・漏れが少なくなります。そして、理解しながら取り組んだことは定着しやすいものです。チェックリストがなくても準備ができるようになることは目的ではないので、「いつでも頼りにしていい」という環境をつくることが大切です。

洋服のたたみ方が複雑で手順が覚えられない

❓ それってどういうこと？

着替えの際に、自分の洋服をたたむことが求められることがありますが、それが難しい場合もあります。大人は、その場で見本を見せるだけで説明しがちですが、下着、半袖、長袖、ズボンなど、ものによってたたみ方も違えば、いくつもの工程があるので、一度説明されただけでは理解できないことも少なくありません。

❗ 支援・対応のヒント
工程を見える化しよう

一度教えただけで覚えてもらうことを期待するのではなく、いつでも工程を確認できるようにします。たとえば、たたむステップの一つひとつを写真に撮って、それらを順番に示すことも一つの方法です。いわゆる「マニュアル」です。自分でいつでも手順を確認できることで、焦ることなく、安心して取り組みやすくなるでしょう。

まとめ

手順が不明瞭だと成果を出しにくい子どもがいますが、それは「手順が明確だと力を発揮しやすい」ともいえます。私たちが考えるのは、苦手をどう克服するかではなく、子どもが今もっている強みを活かして行動しやすくなることではないでしょうか。

園長

COLUMN　視覚で表記することによる子どもの変化

　発達に偏りのある子や話がなかなか入らない子に対しては、視覚的な支援を活用することが効果的だということは知識として知っていましたが、実際に取り入れてみると、対象にしていなかった子どもたちにもよい影響がありました。多くの子どもが興味津々な様子でイラストや写真を使った掲示物に集まり、何度もそれらを確認し、理解できるようになったのです。

　当園では、佐々木先生の指導をもとに、園内のさまざまなところにある文字による注意書きや約束ごとを可能な限りイラストへ変更しました。すると、登降園の際に子どもが「この絵は何て言ってるの？」と保護者に尋ね、保護者が「これは大人が開けてください。子どもは触らないでねって書いてあるよ」と答えて、子どもに注意を促す姿や、その約束を守る子どもの姿が見られ、注意書きはいつしか親子のコミュニケーションツールになっていました。

　保育の場面でも、子どもたちがイラスト入りの注意書きを見て、「何だろう？」と自分なりに解釈し、わからないときは「あれ何？」と保育者に尋ねる様子が見られました。そのときを逃さず、内容や約束ごとを伝えると、子どもたちは納得してくれます。1回で伝わることは難しくても、何度かそのやり取りを続けることで、子どもたちは理解し、約束を守れるようになっていきました。

　子どもたちは「ルール」があることを理解しています。反抗的にルールを守ろうとしないことや、わかっているのに守ろうとしないこと、その日の心の動きで反発したりというのも子どもらしさだととらえています。ですから、そのようなときには、一旦すべてを受容し、「嫌だったんだね」「どうして？」「みんなと同じことをするのはつらいかな？」「今日はやりたくない気分だったのね」などと、子どもの気持ちを汲み取るようにしています。そして、その先に「でもね、ダメなんだ。これはさせてあげられないの」「だからお約束を守ろうね」と子どもに寄り添いながら導いていくことが保育者の役割だと思います。

COLUMN 支援と指示、どっちになってる？

　本書では「見てわかりやすくすること」を中心に書いてきました。そうした工夫を「視覚的支援」と呼んだりします。ですが、何でもかんでも見える形にすればよいわけではありません。

　「支援」という文字は、「支えて（ささえて）、援ける（たすける）」と書きます。ですから、その人の支えになり、何らかの困難をサポートするものです。これが原則です。

　「うるさくしてはいけません」「○○をしない人は、遊べません」といった貼り紙を見せていただくことがあります。「これは何のためにあるんですか？」と尋ねると、多くの場合、「目で見てわかるようにしました」という返事が返ってきます。

　これは支援と指示のどちらでしょうか。私には、「視覚的支援（目で見てわかるようにすることで、支え、援ける）」ではなくて「視覚的指示（目で見てわかるように指図をする）」のほうが近いようにも感じます。

　これは視覚的支援に限った話ではありません。子どもたちへのサポートを考えるときには、「これって本当に支えになっているのかな？」ということを基準に考えたいものです。でも、どこが支えになるのかは、どこで困っているのかを把握しなければなりません。車にガソリンを入れるのは、「ガソリンがない（どこで困っているのか）」ことがわかるから、「ガソリンスタンドでガソリンを入れる（これが支えになる）」ということができるのです。

　現場で先生方が対応に苦慮される場面では、実は子どもたちも困っています。

　表面的な言動だけを見てジャッジしようとするのではなく、どこで困っているのかを探していくことが、子どもたちの安心を見つけ、増やしていく保育の第一歩だと思います。それは決して簡単なことではありませんが、保育現場のプロである先生方だからこそできることでもあるのだろうと思います。

3 友だち

FRIEND

待つこと、
順番を守ることが難しい

「ちょっと」の長さがどれくらいかわからない

❓ それってどういうこと？

「ちょっと待ってね」と伝えることが多いと思いますが、「ちょっと」がどのくらいの時間を指すのかが具体的にわからないと、不安になることがあります。具体的な表現は伝わりやすい一方で、抽象的な表現のように「絵に表わせない言葉」は期待していることが伝わりにくいものなのです。

❗ 支援・対応のヒント

具体的に、できれば見せながら伝える

「ちょっと」よりも「10だけ待って」と伝えていくほうが、具体的な見通しが立ち、待ちやすくなります。

それ以外にも、たとえば、1、2、3と示した数字がなくなったら終わり、赤い丸が3つなくなったら終わりなど、「ちょっと」を「見てわかる」ようにしていくこともよいでしょう。

3 FRIEND 友だち

待つこと、順番を守ることが難しい

まとめ

どのくらい待つのかがわからないなかで待たなければならないのは、誰にとっても不安や焦りを募らせるものです。待ち時間をなくすことはできませんが、「待ちやすくすること」はできます。待つことが難しいときには、「どのくらい待つのか見通しが立っていない」と思って対応してみるとよいでしょう。

どこで待つのか察するのが苦手

? それってどういうこと?

列の最後尾に並ぶことができるのは、いわゆる「暗黙の了解」かもしれません。「言われなくてもわかることができる」のは、目には見えないけれど、みんなが共有しているルールや境界線を感じ取ることができるからです。しかし、こうした領域に苦手さがあると、並んでいる子の少しの隙間に「あいてたから」と入ってしまいトラブルになることもあります。

! 支援・対応のヒント

見えないルールを、見えるルールにする

察してもらうことを期待するよりも、そもそもルールが見えなくなっていることが問題ですから、ルールを見えるようにするほうが得策です。たとえば、手洗い場の前には足型を置く、座る場所はテープで囲むなども一つの方法です。ポイントは、どこに並べばよいのかを見えるように伝えていくということです。

まとめ

「これくらいわかっているはず」と思わずに、どの子にとってもルールがわかりやすくなるように環境を変えてみるという発想が大切です。つい、私たちは子どもに対して察してもらうことを求めがちですが、察することは苦手でも、その子が困ることは減らせるのではないでしょうか。

実はこんな理由がある!?

順番や並ぶ意味がわからない

❓ それってどういうこと？

順番や並ぶことの意味を理解したり、その場の状況から汲み取ることが難しい場合があります。こうした順番も「見えないルール」の一つです。

❗ 支援・対応のヒント

順番や並ぶことの意味を見えるようにする

誰が、どう並ぶのかを子どもたちの顔写真を使って示したり、順番がきた子どもの顔写真の横には矢印を貼り、その矢印が進むことで順番を示したりするという方法が考えられます。ほかにも、子どものカードを並べ、順番が終わった子どものカードは外していくことで、あとどのくらいで自分の順番なのかがわかるようにすることもできます。

まとめ

順番や並ぶことの意味を理解できるようになるのも、大切な発達上のテーマです。でも、わからないことを求められてもできません。その都度、保育者は指示をしなければならないでしょう。そうではなく、順番や並ぶことを見てわかるようにすることで、子どもたちが自分で判断していけるような手がかりを増やしていきましょう。

貸し借りが難しい

相手の気持ちを考えてと言われてもわからない

❓ それってどういうこと？

貸し借りができるのは、相手には相手の都合があって、借りられない可能性もあることを想定していたり、我慢できる自分を誇らしく思えたりするからです。でも、そうしたことに気がつきにくい場合には、「貸して」という言葉だけを教えても、どうしてそれが必要なのか伝わりにくいことがあるのです。

❗ 支援・対応のヒント
わかる形で解説する

人の気持ちや頭の中は見えません。見えないものを理解するのは、誰にとっても難しいことです。だからこそ、ルールを伝えていく際には、どう伝えたら相手はどう思うのか、どう行動したら相手はどう思うのかなどを、簡単でよいので描きながら解説していくことがアプローチの一つです。言葉だけで解説するのではなく、見せて伝えるというのがポイントです。

まとめ

私たちは、子どもの年齢によって「○歳ならこれくらいわかってほしい、わかって当たり前」「これはできるべき」と思いがちです。発達の目安はありますが、一律に全員が同じタイミングでできるようになるわけではありません。相手の感情や気持ちは見えないものなので、見えるように翻訳することで、「わかった」と思えるポイントが増えるかもしれません。

相手の視点 よりも 自分の視点

❓ それってどういうこと？

自分の視点だけでなく、相手の視点に立ってものごとを考えられるようになってくると、貸し借りも上手になってきます。でも、そこに難しさがある場合には、「自分が使いたいのに、どうして貸してくれないのか」「自分が使っているのに、どうして借りようとするのか」と自分だけの視点になってしまうことがあります。

❗ 支援・対応のヒント

成長を待ちながら、不都合を減らす

前ページのような「解説」をしても、十分に納得できないこともあります。そのような場合、少なくとも今すぐにはできるようにならないので、成長を待ちながら、トラブルを減らす方法を考えます。たとえば、お気に入りの玩具は複数用意することで貸し借りを起こりにくくする、遊ぶ場所を分けるなども考えられます。

まとめ

「相手のことを考えることを教えなくて大丈夫？」と心配になるかもしれません。でも、大事なのは「相手のことを考えるためには、自分に余裕が必要」という視点です。子どもに余裕をつくるためには、減らせる不都合を減らします。同時に、「それは本当に今教えなければならない課題なのか」を考えます。今難しいことは、少し先のテーマにしてよいのです。

借りられないことを想定していない

? それってどういうこと？

大人から「貸してって言ったらいいんだよ」という便利な表現を教えてもらった子どもは、当然「貸して」と伝えたら、借りられるものだと考えます。そのため、「まさか借りられないことがある」ということは想定しておらず、戸惑ってしまうことがしばしばあるのです。

❗ 支援・対応のヒント

考え得る未来を伝えてみる

「貸して」と伝えても、借りられる場合と、そうでない場合があります。貸してもらえた場合にはお礼を伝えて借りる、難しかった場合には先生と相談するなどを、イラストを用いながらフローチャートのようにして説明してもよいでしょう。こうしたことをあらかじめ、クラス内のルールとして提示しておくことも有効でしょう。

まとめ

大人が子どもの間に入って説得して落としどころを見つけるのは大切な行為かもしれません。でも、それは「大人が何とかした」のであって、子どもは納得していないかもしれません。あらかじめ、どんなことが起こる可能性があるのか、困ったときはどうすればよいのかを伝えておくことで、子どもたちは納得して行動することができるかもしれません。

友だちと一緒に遊ぶ場面が少ない

人付き合いにもスタイルがある

？ それってどういうこと？

「友だちと遊ぶのがよいこと」とされがちですが、一人で過ごすほうが充実するし、楽しいと思う子どもたちもいます。集団生活のなかでの子どもたちの動きは予測がつきにくく、またざわざわした環境など刺激の多さでヘトヘトになってしまうこともあるのです。

！ 支援・対応のヒント

一人で過ごせることにも価値があることを認識する

まずは「一人で過ごすこと」と「友だちと過ごすこと」に優劣はないことを保育者間で認識することが大切です。誰かと遊ぶ権利もあれば、遊ばない権利もあります。クラスのなかに、一人で過ごせる場所や遊びを用意するなど、刺激の少ないエリアで過ごすことも保証していくことが重要です。

まとめ

友だちと過ごす以前に、人付き合いのなかで嫌な経験が積み重なっていくと、むしろ人とかかわることを拒否することにもつながりかねません。そう考えると、集団で過ごすことが必ずしもよいわけでも、子どもの発達を後押しするとも限りません。「友だちとたくさん遊んだりかかわったりしたほうがよい」を目標にするのは、慎重に考えたいものです。

ルールのない遊びは楽しみにくい

? それってどういうこと？

子どもは自分たちで遊びを考え、それが次々に発展していくことを楽しみます。でも、なかには、そうしたルールのない過ごし方や遊び方は、自分がどう対応してよいかわからなかったり、先行きがイメージしにくいので、自由時間は過ごしにくい子どももいます。

❗ 支援・対応のヒント

ルールのある遊びを一緒に味わう

ルールのない遊びや自由時間はうまく過ごせないことがある一方で、ルールが明確なものであれば一緒に楽しめることもよくあります。その際にはルールが複雑すぎない、多くの子どもが楽しめるようなルールにすることがポイントです。
たとえば、いす取りゲームや鬼ごっこなどもその一つでしょう。

まとめ

子ども同士で過ごしていると、思わぬトラブルに発展することがあります。ルールのある遊びは、保育者も一緒にできるので、不要なトラブルを予防するという観点からも大切です。負けると気持ちの収まりがつきにくい子もいますが、事前にルールを説明する、勝ち負けがつかないルールにする、負けても次のチャレンジがすぐにできるなどの工夫もありです。

わざとではない。充実感の乏しさの表れ

❓ それってどういうこと？

「やってはいけないとわかっているのに、わざと相手が嫌がることをする」という相談を受けることがあります。「わざとかどうか」は実際にはわかりませんが、相手の反応を楽しむという面はあるかもしれません。でも、そうした刺激的なことを求める背景には、現在の充実感の乏しさが関係することがあります。

❗ 支援・対応のヒント

生活のわかりにくさを確認し、予防する

基本的には予防が第一で、そうした場面を見つけたら早めの対応が必要です。とはいっても、「ダメ」と注意するだけでは根本的な解決にはなりません。生活のなかで、子どもに合った見通しが伝わっているか、今の子どもの発達段階に見合わない目標設定がなされていないかなど、本書でここまで書いてきたような視点から見直してみることが予防の第一歩です。

まとめ

一見すると、その場では子どもも楽しそうにしているように見えるので、「わざとやっている」「ふざけている」ととらえられがちです。でも、そうした子どもの姿は表面的なもので、背景には必ず理由があります。「この行動の背景には、どんな理由があるんだろう？」と考えることが、子どもたちにかかわる際の大原則です。

給食を食べない

食べることは好きでも、感覚的にダメなものもある

❓ それってどういうこと？

食事には、味、におい、見た目、食感など多くの要素が関係し、こうした感覚的な面からも楽しみます。でも、感覚の偏りから、どうしても食べられないものがある子どももいます。たとえば、コロッケや唐揚げの衣を「痛い」と感じるようなこともあるのです。そうした感覚を、実感を伴っては理解できないとしても、理解しようとすることが大切です。

❗ 支援・対応のヒント

無理強いはしないことが鉄則

こうした感覚の問題は、一口にどう対応すればよいと言えるものではありませんが、必ず一口だけは食べさせるなどのような偏食指導は逆効果であることが知られていますから、避けるほうが無難です。カレーのように複数のものが混ざっていると食べられないこともありますが、ご飯、カレーのルー、具材と、すべてを別々にすると食べられることもあります。

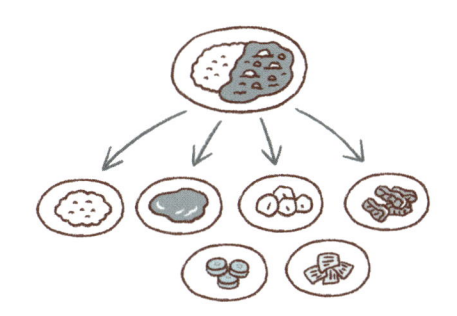

食事

給食を食べない

まとめ

食べられない原因を確認していくことが重要です。その際は、家庭での食事についても教えてもらえるとよいでしょう。食べられる食材のバリエーションが少ないと心配かもしれませんが、日々の生活が安定すると、次第に感覚の敏感さが緩み、バリエーションが増えてくることもあります。調理師や栄養士と相談して形状や味を変えることも一つです。

不安で いっぱい

？ それってどういうこと？

食事の偏りの背景には、感覚の偏りが原因としてあることが少なくありません。こうした感覚の偏りは、不安によって増えることがあります。そのため、不安が強い時期（たとえば、新年度になって新しい環境になった時期など）には、普段より食事がしにくくなることがあります。

！ 支援・対応のヒント
給食以外の場面にポイントを探る

もし環境の変化で不安が強くなった結果として、給食に手をつけられなくなったとすると、量を減らす、食べられるものだけ食べるなど、事前に保護者に相談して対応します。また、すでに一人でできるようになったことでも保育者のサポートする量を増やすなど、子どもの負担を減らすような調整が必要になることもあります。

まとめ

これまで食べていたけれども、食べなくなったというような状況になった場合には、偏食のような感覚の偏りだけでは説明がつきにくいと思います。そのため、そうした様子が見られた際には、「もしかして何か不安なことがあるのかも？」と、視点を変えてみると、また違ったサポートができるだろうと思います。

気持ちをうまく伝えられない

？ それってどういうこと？

本当は残したいと思っていても、それをうまく伝えられずに、ゆっくり食べるなどの行動から、自分がどう感じているのかを察してもらおうとする子どももいます。それは裏を返せば、気がついてもらうまでずっと心配な気持ちをもち続けているということです。

！ 支援・対応のヒント
残し方を教えてみる

言葉は知っていても、その場になるとうまく表現できないこともあるかもしれません。だとすれば、子どもが表現しやすくなるような工夫を検討します。たとえば、「残したい」「減らしたい」というカードを用意して、それを子どもたちの手元に用意して、いつでも表現しやすくします。残したいものを置くための容器や場所を用意するのもよいでしょう。

まとめ

「そんなことをして、みんなが食べなくなったらどうするの？」と感じる人もいるかもしれません。でも、そうした表現をするのは、誰にとっても自由であり、権利があるものです。そうした主張をしてもいいんだ、先生たちは何かあったら助けてくれるんだと思える安心感があるからこそ、安心して給食の時間を迎えられるものだと思います。

午睡の時間に眠れない

そもそも
睡眠のリズム
が安定しない

❓ それってどういうこと？

保育園の場合には午睡の時間が設けられることが多いと思いますが、そもそも睡眠のリズムが安定しない子どもたちがいます。そのため、寝るように促してもなかなか眠れず、かえってストレスを抱えてしまったり、そのことが原因で登園を渋る場合もあります。

❗ 支援・対応のヒント
多様な選択肢を用意する

睡眠のリズムが安定しないというのは生物学的なものですから、眠るようにプレッシャーをかけるのは逆効果なことが多いものです。保護者とも相談が必要ですし、現場の人員体制にもよりますが、午睡をする・しないを選択できるような対応をとれるとよい場合があります。実際に、そのように対応している園もあります。

5

午睡

午睡の時間に眠れない

まとめ

眠くないときに「寝てください」と言われても眠れません。もちろん、子どもの発育を考えれば、眠れるに越したことはないでしょう。でも、そこには個人差があります。昼寝を十分にとる一方で、その分、夜寝るのが遅くなってしまうということもあります。難しいのは重々承知のうえですが、個別に対応できるとよいと思います。

寝心地の違いに敏感

❓ それってどういうこと？

肌触りなどの感触に敏感さがあると、自宅と違うシーツやブランケットでは眠れないということがあります。「どれも同じじゃないの？」と思うかもしれませんが、私たちにとっての些細な違いを、大違いだと感じる子どももいるのです。

❗ 支援・対応のヒント
お気に入りの寝具を使ってもらう

保育園によっては、指定の寝具があるかもしれません。でも、もし左記のような感覚の偏りがあれば、子どもにとって安心しやすい、なじみある寝具の利用を認めることもありではないでしょうか。なかには、重めの毛布のほうが安心する子や、いつものお気に入りの毛布だとリラックスして眠れたりする子もいます。

まとめ

さまざまな事情があり、容易なことではないかもしれませんが、指定のものでなければならない絶対的な理由がなければ、こうした多様な選択肢があってもよいかもしれません。目的は「みんなと同じ状況で、同じように眠れること」ではなく、「子どもが安心して眠れること」です。

少しの物音も察知する

? それってどういうこと？

やっと眠ったと思っても、わずかな物音を敏感にキャッチして起きてしまうことがあります。これには聴覚の敏感さが関係しています。子どもが本来もっている感覚ですから、「気にしないように」は難しいことがほとんどです。

! 支援・対応のヒント

気をつけるだけでは限界がある物音が出る状況を調整する

特定の物音が何かわかっていれば、そうした音について共有しておく必要があるでしょう。それでも、無音にはできませんし、気をつけるだけでは限界もあります。実際の現場でできることは、睡眠場所をドアの出入り口から離れた場所にしたり、そもそもドアの開け閉めのように物音が出やすい状況を少なくすることなどでしょう。

まとめ

こうした感覚の敏感さは、本人にはどうにもできないものですから、できることは感覚面から生じる不都合に、可能な限り配慮をするということです。ただし、どれほど調整しても途中で起きてしまうこともあるでしょう。そうした場合には、どうするのか保護者からのニーズも聞いて、事前に対応を相談しておくとよいでしょう。

健診を嫌がる

いつもと違うことは、いつも以上に不安

？ それってどういうこと？

初めてのことは、程度の差はあれども不安になりやすいものです。でも、なかには、まだ経験していないことや変化に対して、とても強く不安を感じてしまい、うまく行動ができなくなる子どももいます。大人の想定以上に怖がったり、参加が難しかったりする場合には、これからどんなことが起きるのかがわからずに混乱しているのだと考えられます。

！ 支援・対応のヒント
イレギュラーが見てわかるように

健診がある日は、いつもと違う生活の流れになるでしょうから、いつ、どこで、何があるのかを事前に予告できるとよいでしょう。そのことで、いつもと何が、どう違うのかがわかりやすくなるでしょう。その際には、写真やイラスト等で流れを示すことで、より子どもには理解しやすくなります。

① たいそうをする
② ひづけをみる 123456
③ あさのうたをうたう ♪♫
④ けんこうしんだん
⑤ おたよりちょうにシールをはる ☆
⑥ てあそびをする

まとめ

こうした取り組みは、イレギュラーな場面に急に使ってもうまくいきません。ただでさえイレギュラーなのに、今までとは違う伝え方をされるという変化が加わるためです。だからこそ、日頃から生活の流れを見てわかるように伝えておくことが大切です。そうしたよりどころがあることで、「流れが変わっても、これを見れば安心」と思えるのです。

予定はわかったけど……終わりがわからないと心配

❓ それってどういうこと？

いつもと違う予定がわかったとしても、その場に行ったら、何を、どのくらいするのか、どうなったら終わりなのかがわからないと心配になることがあります。「これくらい平気でしょ」とか「頑張って」ではなく、頑張る方向性を示すことが大切です。

❗ 支援・対応のヒント
具体的な中身を伝えていく

その場で、なんとなく促すのではなく、どんなことをするのかイラストなどで示せるとよいでしょう。たとえば、ホワイトボードに3つ活動を示し、終わった活動は「おしまい」の箱に入れることで消していくなどです。そうすることで、「3つやるんだな」「全部なくなったら終わりだ」ということが伝わりやすくなります。

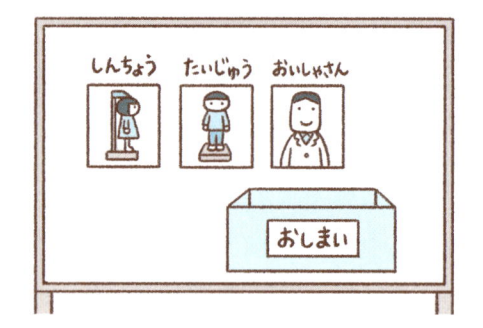

まとめ

こうしたことは「文字や絵がわからないと伝えられないのでは？」と思うかもしれませんが、実際にはそうではありません。大事なことは「終わりがわかること」ですから、ホワイトボードに3つマグネットをつけて、1つ終わるごとにそれらを外していき、すべてのマグネットがなくなったら終わりという伝え方もできます。

怖いものは怖い

どんなに見通しを伝えるなどの工夫をしても、嫌なものは嫌なのです。「嫌なものを嫌じゃなくする」という魔法のツールはありません。でも、「ちょっとマシ」とか「嫌だけれども、嫌なレベルは少しだけ減った」ということは目指せるでしょう。

❗ 支援・対応のヒント
子どもに嘘をつかない

子どもが「怖い！」「痛い！」と訴えているときに、「怖くないよ！」「痛くないよ！」と励ますのは、多くの場合逆効果です。なぜなら、子どもにとっては怖いし、痛いのです。よかれと思った言葉が「先生の言っていることは嘘だ！」となり、より一層不安にさせることがあります。そうではなく、共感しながら「あと5で終わりだよ」などと具体的な終わりを伝えていくほうがよいでしょう。

怖いよね

まとめ

励ましたほうが頑張れることもあるかもしれません。でも、健診のような場面では、私たちの励ましでどうにかなるレベルの不安ではないかもしれません。むしろ、「先生はわかってくれている」と子どもたちに伝わることで、ほんのわずかかもしれませんが、安心を伝えていくことはできるかもしれません。

触られるのが苦手

❓ それってどういうこと？

感覚の敏感さがあると、体に触れられたり、聴診器をあてられたりすることなどが難しい場合があります。個人差はありますが、大人が優しく触っているつもりでも「痛い」と感じてしまうこともあります。

❗ 支援・対応のヒント

決して無理強いせず、スモールステップで進める

健診は子どもたちの健康を考えるうえで大切な役割を担います。でも、感覚の敏感さは、「頑張れば何とかなる苦手さ」ではないのです。不安が増すと、敏感さも同時に増します。ですから、不安をゼロにはできなくても、不安を減らす工夫が大切です。それでも難しい場合には、「今回は見ているだけでもOK」と柔軟に対応したいものです。

まとめ

一度嫌な思いをしてしまうと、健診や病院に対してネガティブなイメージがつきやすく、より参加が難しくなることもあります。経験すれば、何でも次につながるわけではありません。「どんな経験をするか」が大切で、子どもたちにとって「もう二度とやらない！」という後押しにならないようにしていきましょう。私たちが思う以上に、ネガティブな経験は長期に、そして広範囲にわたって影響を及ぼします。

実はこんな理由がある!?

意味がわからないことはやりたくない

? それってどういうこと？

何のために実施するのか、どのくらいで終わるのかなどの意味がわからないと、不安になるばかりではなく、モチベーションももちにくいことがあります。「みんながやっているから」よりも、「意味がわかること」がモチベーションになる子どもたちもいます。

! 支援・対応のヒント

脅しにはならないように意味を伝える

事前に何のために健診をするのかをイラストや絵本などで伝えておくとよいでしょう。その際は「〇〇しないと病気になるよ」などと怖いイメージにしないことが大切です。玩具を使って予行練習をするのもよいでしょう。視力検査では、ランドルト環（Cのようなマーク）のカードを用意して、カードを同じ向きに示してもらうことで、何を求められているかがわかりやすくなります。

まとめ

私たちも、何のために、何をするのかよくわからない状況では不安になりませんか。「みんなやっていることだから」と思わずに、子どもたちがわかる範囲で意味を伝えていくことで、子どもたちが納得して、安心感をもって参加できるようにしてみませんか。

避難訓練を嫌がる

よくわからない変化は不安のもと

? それってどういうこと?

避難訓練も発達に偏りのある子どもにとって大きなイレギュラーな出来事です。そして、保育者もいつもと違う雰囲気ですから、なおさら子どもたちにとっては「大きな変化」です。変化そのものがダメなわけではありませんが、「よくわからない変化」は不安になりやすいのです。

❗ 支援・対応のヒント

どこに行くのかわかるようにする

基本的な対応は「健診」と同様です。健診と異なるのは、外にも行くなど、場所の移動が多いことでしょう。そのため、どこへ移動するのか、写真やイラストで「1番〇〇の部屋、2番園庭、3番……」のように事前に伝えておけるとよいでしょう。こうしたものを持ち運べるようにしておくと（単語カードのようにめくれるようにするなど）、移動先でも確認できるので安心です。

まとめ

実際に何かトラブルが起きたことを想定しての訓練ですから、訓練中の私語に対しては「静かに！」と強めに対応しがちです。必要なことかもしれませんが、訓練の中身がよくわかっていないと、より落ち着かなくなるかもしれません。私たちが学べるのは「わからない環境から」ではなく、「わかる環境から」なのです。

何がOKで、何がNGなのかわからない

❓ それってどういうこと？

「走らない！」と伝えるのは、その裏に「歩いて移動して」という意味が含まれています。しかし、そうした言外の意味を汲み取るのが難しい子どもたちもいます。そのため、「○○してはダメ」と伝えても、「じゃあどうしたらいいの？」と、より困惑してしまうことがあります。

❗ 支援・対応のヒント

○×で具体的に示す

言外の意味を汲み取ってもらうことを期待するのではなく、「○机の下に隠れる」「×教室を出る」と、具体的に伝えていくことが有効でしょう。こうしたことを言葉だけでなく、「地震が起きた→○歩く、×走る→（次の行動）」というように子どもたちと一緒に流れを確認できるようにしていくこともよいでしょう。

まとめ

避難訓練当日は、こうしたことを一つひとつ確認する余裕はありませんから、事前に子どもたちと一緒に確認しておきましょう。それでも、当日のいつもと違う雰囲気に圧倒されたり、確認したことを忘れてしまったりすることもあります。そうした場面でも、言葉だけではなく、事前に確認しておいたものを再度見せることで、思い出しやすくなります。

大きな音や急な音が怖い

? それってどういうこと?

大きな音や急な音には、多くの子どもが驚きますが、聴覚に敏感さがあると「耐えがたい苦痛」になることもあります。そのことが原因で、避難訓練ではいつも以上に混乱したり、戸惑ってしまうことがあります。

! 支援・対応のヒント

これなら安心というグッズを準備する

感覚の偏りからくる困難は「ちょっと我慢すれば何とかなる」というものではありません。そのため、我慢を強いるよりも、イヤーマフをつけるなどが有効な場合がほとんどです。音による不安の表れとして落ち着かなくなる場合には、ほかの「安心グッズ」を持って過ごしてもらうことも一つの方法です。

まとめ

「避難訓練中に安心グッズで遊んでしまうのでは?」と心配になるかもしれません。でも、私たちも緊急時には、自分にとって安心できるグッズがあるほうが安心できるのではないでしょうか。避難訓練は「嫌なことに耐える時間」ではなく、「緊急時にどうするかを理解できるようになる」ことが目的です。不安や恐怖で頭も心もいっぱいな状況では、吸収できるものは少ないかもしれません。

イベントを嫌がる

予想が つかなくて 戸惑う

? それってどういうこと？

生活発表会や運動会などの行事では、練習ではバッチリなのに本番になるとうまく力を発揮できない場合があります。当たり前ですが、練習と本番は環境も違います。そのため、本番になると練習とは全く別物に感じてしまい、戸惑うこともしばしばです。

! 支援・対応のヒント

見てわかる手がかりを準備する

対応の原則は、「見てわかる見通しを伝えること」です。流れを手元で確認できる予定表を用意し、終わったら好きなシールを貼るのも一つの方法でしょう。それでも参加が難しい場合には、事前に子どもや保護者と相談が必要です。場合によっては行事を「見るだけにする」ことも選択肢の一つです。

6
行事
イベントを嫌がる

まとめ

「見るだけ（見学）なんて、むしろ目立ってしまうし、みんなと一緒にできることで学べることもある」という考え方もあるかもしれません。そこには「行事は一緒にするべき」という価値観が反映されていないでしょうか。もちろん、学べることもあるでしょう。でも、そのためには、「居させられた」ではなく、自分がどうすればよいのかがわかって、その場で過ごせる「参加」を目指したいものです。

誘惑が多い

❓ それってどういうこと？

周りと同じように集団行動をすることが難しい場合の一つの理由として、「ほかの刺激に引っ張られてしまう」ということがあります。多くの子どもが注目するポイントとは別のポイントに注目してしまい、結果として集団から外れてしまうことがあるのです。

❗ 支援・対応のヒント

見てほしいポイントを示す

テープの枠内に並ぶ、テープの上を歩くなどの場合、立つ場所には足型を貼る、好きなキャラクターを目指して歩くなど、見てほしいポイントを、子どもが見たくなるように示すことが一つの方法です。刺激をゼロにすることはできませんし、「見ないで！」もできません。刺激に引っ張られやすい子どもの場合には、見てほしい刺激を見せるというのがコツです。

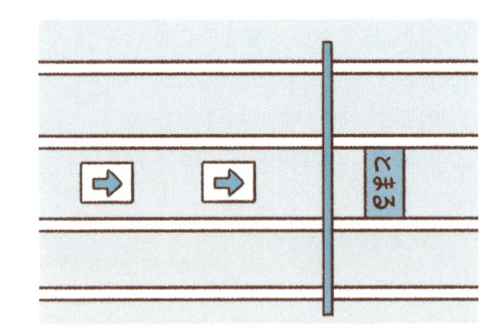

まとめ

ほかにも、そもそも関心がないとか、やることがよくわからず不安で参加したくないという場合もあるでしょう。大事なことは、「何をするのか」ではなく、「子どもはどこで困っているんだろうか？」「背景にはどんな謎があるんだろうか？」と考え取り組んでいくことです。「見ちゃダメ」ではなく「これを見よう」を考えてみませんか。

「ちゃんと」「きちんと」が伝わりにくい

? それってどういうこと?

「ちゃんと並んでね」「きちんとやって」と指示を出すことってありますよね。でも、「ちゃんと」「きちんと」のような抽象的な指示は伝わりにくいものです。大人がイメージする「ちゃんと」と子どものイメージする「ちゃんと」が同じとは限りません。

❗ 支援・対応のヒント

イメージを共有する

つい「○○できるはず」と勝手に期待して、それと異なる行動をとった子どもに対して注意したくなることがあります。子どもにとってみれば「なんて勝手なんだ!」と思うかもしれません。そうではなく、「このいすに座っててね」「これ（安心グッズ）を触って待っててね」と、何を期待しているのかを具体的に伝える、写真や動画などでイメージを共有することがまずは大切です。

このいすに座っててね

まとめ

皆さんのなかにも、姿勢を正して本を読むことが「きちんと」の人もいれば、好きな姿勢でくつろいで読むことを「きちんと」ととらえる人もいるかもしれません。抽象的な言葉は人によって受け取り方が違います。こちらが期待していることと子どもの行動に隔たりがある場合には、「もしかして伝わっていないかも」と考えてみてもよいでしょう。

じっとしているのも楽じゃない

? それってどういうこと？

大事な行事でも走り回ったり、じっとしていられず、最終的に「ガツンと言わないと」という場面もあるかもしれません。でも、そもそも長い時間じっとしていることを難しく、高いハードルに感じる子どもたちもいます。

! 支援・対応のヒント

むしろ動いたり、動かしたりしてよいと伝える

じっとしているのが難しく、動いたほうが集中できるという場合には、保育者のお手伝いなど、動きのある役割を考えることがあります。それ以外にも、どのくらい待っていれば体を動かせる時間がくるのかなどの見通しを伝えることも有効です。できれば、口頭ではなくて、タイマーや砂時計など、時間の進みが見て確認できるような形が望ましいです。

ボールの入ったかごを一緒に持ってこよう

まとめ

子どもも一生懸命取り組んでいるけれども、周りと同じように取り組むのは疲れすぎてしまうこともあります。その結果、だんだんと自信を失い、「やりたくない」となることもあります。不安が募るとより一層じっとしていられなくなったり、待てる時間が短くなります。子どもなりの努力を認めつつ、「どうしたら安心できるか」を考えることも大切で、終わりや流れ、内容などをわかりやすく伝えることが有効です。

休みがない くらいなら、 やらない

❓ それってどういうこと？

一度やってみると表明したら、「やっぱりやーめた」と途中でやめることができないと思い込んでいたり、「最後までやるべき」と自分で自分にプレッシャーをかけてしまったりすることもあります。

❗ 支援・対応のヒント
逃げ道をつくる

「最後まで頑張ること」を美徳としがちですが、途中で休んだってよいのです。むしろ、一人でクールダウンできるようなスペースを設け、疲れたらそこを使えるようにしてもよいと思います。「何かあったら休める場所がある」と思えることで、頑張れることもあるのです。

まとめ

子どもの誠実さ、真面目さゆえにこうしたことが起こることがあります。そして、私たちは頑張ったことをたくさんほめたくなります。でも、子どもによっては頑張りたくて頑張っているわけではなく、「背水の陣」のような覚悟で臨んでいることもあるのです。私たちも、ちょっと大変でも「ここまで頑張れば休みだ！」と思えると頑張れることってありませんか？

モチベーションをもつポイントが違う

発達に偏りがあると、ほかの子どもたちと一緒に取り組みたい、ほめられたいなど、多くの子どもがモチベーションをもつことに対して、「やる気がない」とか「拒否している」わけでもなく、ただ興味をもてないということがあります。

❗ 支援・対応のヒント

熱の入るスイッチを見つけよう

行事を成功させようと思うと、つい練習に熱が入りがちです。でも、その熱は子どもに伝わるとは限りません。むしろ、子どものモチベーションには、予測が立ちその予測通りにものごとが進むことや、どこまで取り組めばよいのかがわかる、興味がある、何をするのかがわかるなどが関係することが少なくありません。説明にお気に入りのキャラクターを使うなども一つの方法です。

こうした「モチベーションのもち方の違い」という視点に対応するための大きなヒントがあります。「みんながやっているから」「行事だから」などの理由は、残念ながらモチベーションにはならないことがあります。励ましたり、ほめたりも然りです。むしろ、「わかる」「できそう」と思える環境調整が「やってみる」という一歩につながるでしょう。

楽に適応しているわけじゃない

❓ それってどういうこと？

園では全く問題ないのに、「家庭で大変になってきました」と相談を受けることがあるかもしれません。家庭で落ち着かないのは家庭での問題のようにとらえられがちですが、むしろ園でエネルギーを使い切ってしまっている可能性もあります。

❗ 支援・対応のヒント

歯を食いしばるのではなく、楽にできることを増やす

一見、うまく適応できているように見えても、子ども側は必死に取り組み、周りが思う以上のエネルギーを使って適応していることがあります。イレギュラー時にこそ、「どうすれば楽にできるか」を考えます。たとえば、言葉だけではなくて、写真、イラスト、動画などの見てわかる手がかりを増やす、練習の後にはエネルギーを充電できる時間を設けるなどです。

6 行事 イベントを嫌がる

まとめ

ポイントは、「これくらいわかるよね」ではなく「これなら楽にわかるか」を考えることです。この本だって、文字やイラストなどの情報があることで、「口頭でもわからなくはないけど、楽になる」わけです。行事の前後には、家庭での様子も意識的に確認するようにしましょう。保護者からは、伝えにくいことでもあるからです。

著者

COLUMN 無視って効果あるの？

　大人から見て、子どもがしてほしくない行動をとった場合には「無視をしたほうがよい」と言われることがあります。本書を手に取ってくださっている皆さんも、そうしたことを見聞きしたことがあるのではないでしょうか。

　確かに、こちらの反応を楽しむという場合もありますから、必要以上に反応しないほうが無難です。でも、子どものその言動の背景には理由がありますから、単純に「無視をする」という対応が得策とも思えません。

　そして、「無視すること」の弊害として、無視しきれずにどこかで応じた場合には、「ここまでやれば反応してくれる」と、より行動がエスカレートすることにつながります。また、その子どもにかかわるすべての人が無視を貫けるのであれば、その選択肢はあり得るのかもしれませんが、現実的にそれは不可能です。大人でも、つい「やめて」と声が出ることもありますから、同じ場所で過ごすほかの子どもが無視をするのはより一層難しいでしょう。

　厳しい表現をすれば、「無視をする」というのは、私たちがコントロールできない領域であり、子どもが感じている不安や困難を発見しようとすることを放棄したともいえるのではないでしょうか。また、「○○さんは仕方がない。みんなが我慢しよう」という対応がなされることも不適切な対応だと思います。どの子であっても、安全や安心は担保されるように考えるのは先生方の役目です。

　ですから、「無視をする」という対応ではなく、それぞれの子どもが安心して過ごせるように大人が仲介したり、過ごすエリアを分けたりするほうが現実的です。そのうえで、「一体どこで困っているんだろう？」と考えてみることが大切です。そのヒントは、本書にまとめてきたつもりですから、気になる場面があれば、ぜひ確認してみてください。

COLUMN 悩んだときほど考えてほしいこと

著者

　皆さんは「子どもに合わせた対応を考える」ということをどのようにイメージしますか？

　たとえば、子どもが使おうと思っていた玩具を別の子どもが使っていて混乱したとします。こうしたときは、「きっかけ」と「なぜ、その程度のきっかけで混乱するのか」の両方の検討が必要です。

　この例では、「子どもにとって想定外のことが起きて混乱した」と考えられるので、これがきっかけです。でもこの「きっかけ」を取り除くことに専念することだけが支援のあり方ではありませんし、「想定外のことが起きないようにしよう」と対応するのは、難しいことも多く、むしろ、想定がつくような、先手を打てるようなきっかけは、意外に少ないのではないのか？　とさえ感じることもあります。

　だからこそ、「なぜ、その程度のきっかけで混乱するのか」の検討をすることが大事ではないかと思います。

　「パニックを起こす」という場合、「周囲の大人が気づいていない場面で、その何倍もパニックを起こさずに耐えてくれているんだろうな。だからこそ、余力もないし、些細なきっかけでも耐えられないときがある」のかもしれません。だとすると、最も大事なことは、きっかけそのものをどうするかより、「そこまで余力のない状態＝不安な状態」をどうするか、つまり、どうすれば日々の生活のなかに安心や安定を増やせるかを考えることだと思います。

　一口に「余力のなさ」といっても、不安や疲れ、充足感の乏しさなど、さまざまな視点があり、そうした視点から自分たちのかかわりを見直す必要があります。それは苦しいものかもしれませんが、こうした考え方も皆さんの知識の引き出しに入れてみるのはいかがでしょうか。

6 行事

おわりに

　本書はこれまで出会った親子や保育現場で頑張っておられる方々、市村園長をはじめとするわおわお仲町台保育園の皆さんと作り上げた一冊です。

　私の専門家としての姿勢や考えは、よこはま発達グループの内山登紀夫代表、宇野洋太先生、蜂矢百合子先生、飯塚直美先生、北沢香織先生、千代田クリニックの吉田友子院長から学ばせていただいたものですから、それらを多くの方々にお届けできることを本当に嬉しく思っています。また、丁寧なサポートで、私の考えを紡ぎながら、辛抱強く伴走してくださった中央法規出版の星野雪絵さん、川脇久美さん、温かみのあるイラストで本書を彩ってくださったタナカユリさん、そして本書を手に取ってくださった皆さんにも心から感謝しています。

　最後に、仕事ばかりの父親で、寂しい思いをさせているにもかかわらず、いつも応援し続けてくれる息子たち、同領域の専門家として励まし、サポートしてくれた妻にも、心からありがとうと伝えたいです。

2024年11月

佐々木康栄

著者紹介

佐々木康栄（ささきこうえい）
よこはま発達グループ（クリニック・相談室・サポートルーム）
公認心理師／臨床心理士／精神保健福祉士
TEACCHプログラム研究会東北支部代表、（株）クロス・カンパニー（障害×デザイン）アドバイザー、スペシャルニーズのある人のやさしい医療をめざす会（FMCA）顧問

大学院修了後、グループホームで知的障害や自閉症スペクトラムの方々の生活支援を経て、療育センターに勤務。現在は発達障害の方々のサポートを専門とするよこはま発達グループにて医療、療育、相談、啓発活動などに従事。その他、人材育成のための講演や研修、全国の障害福祉機関や保育園／幼稚園へのコンサルテーションも担っている。

資料協力・提供

社会福祉法人わおわお福祉会　わおわお仲町台保育園

コラム執筆

市村由紀子（園長）
中山千尋（チームリーダー）
佐野明壽香（保育士）

場面別

気になる子の保育サポート
アイデアBOOK

2024年12月20日　発行

著　者　佐々木康栄

発行者　荘村明彦

発行所　中央法規出版株式会社
〒110-0016　東京都台東区台東3-29-1 中央法規ビル
TEL 03-6387-3196
https://www.chuohoki.co.jp/

印刷・製本　株式会社アルキャスト
ブックデザイン　mg-okada
イラスト　タナカユリ